HENRI DE SAINT-SIMON

CATECISMO POLÍTICO
DE LOS INDUSTRIALES

**EDITORIAL
maxtor**

Diseño, maquetación e impresión:
Gráficas MAXTOR
Fray Luis de León, 20
47002 Valladolid
Tel.: 983 090 110
pedidos@maxtor.es
www.maxtor.es

I.S.B.N. : 978-84-1171-057-2

Depósito Legal : DL VA 294-2024

Índice

Henri de Saint-Simon

Claude-Henri de Rouvroy, conde de Saint-Simon, nació el 17 de octubre de 1760 en París, hijo de una familia de la aristocracia francesa desdendiente, supuestamente, de Carlomagno, con quien el propio Henri tuvo un sueño en el que le decía "tus éxitos como filósofo igualarían los míos como militar y estadista". Ya desde joven estaba convencido de que llevaría a cabo grandes tareas, haciendo que sus ayudantes de cámara le despertaran diciéndole "Levántese, señor conde, tiene usted grandes cosas que hacer".

En su juventud luchó en la guerra de la independencia de los Estados Unidos, sirviendo al mando del marqués de La Fayette y de George Washington. Al comienzo de la Revolución francesa, en 1789, Saint-Simón apoyó los ideales revolucionarios de libertad, igualdad y fraternidad. En los primeros años de la revolución organizó una gran estructura industrial para fundar una escuela científica, recurriendo a la especulación de tierras para financiar la iniciativa. Fue encarcelado en Luxemburgo, bajo sospecha de participar en actividades contrarrevolucionarias. Tras esa etapa, decidió dedicarse a los estudios e investigaciones políticas, y posteriormente a la física y las matemáticas.

Habiendo pasado por un breve e infructuoso matrimonio, decidió viajar por Europa, publicando en Alemania el primero de sus escritos, *Letrres d'un habitant de Genève*, que reeditó en París un año después, obra en la que pedía la creación de una religión de la ciencia con Isaac Newton como santo. Como consecuencia de sus experimentos y viajes terminó arruinado, y vivió en la miseria por el resto de su vida.

Tras algunos intentos por recuperar el dinero que un antiguo socio le robó, recibió el apoyo económico de un antiguo empleado, con el que pudo publicar su segundo libro, la *Introduction aux travaux scientifiques du XIX siècle*. Cuando ese antiguo empleado murió, en 1810, Saint-Simon volvió a la pobreza, sufriendo también problemas de salud.

En 1823, decepcionado por la falta de resultados de su escritura, y viendo que no había tenido la gran influencia que él esperaba, intentó suicidarse. Finalmente falleció el 19 de mayo de 1825, a los sesenta y cuatro años de edad.

P.— ¿Qué es un industrial?

R.— Un industrial es un hombre que trabaja en producir o en poner al alcance de la mano de los diferentes miembros de la sociedad uno o varios medios materiales de satisfacer sus necesidades o sus gustos físicos; de esta forma, un cultivador que siembra trigo, que cría aves o animales domésticos, es un industrial; un aperador, un herrero, un cerrajero, un carpintero, son industriales; un fabricante de zapatos, de sombreros, de telas, de paños, de cachemiras, es igualmente un industrial; un negociante, un carretero, un marino empleado a bordo de los buques mercantes, son industriales. Todos los industriales reunidos trabajan para producir y poner al alcance de la mano de todos los miembros de la sociedad todos los medios materiales para satisfacer sus necesidades o sus gustos físicos, y forman tres grandes clases que se llaman los cultivadores, los fabricantes y los negociantes.

P.— ¿Qué rango deben ocupar los industriales en la sociedad?

R.— La clase industrial debe ocupar el primer rango, por ser la más importante de todas, porque puede prescindir de todas las otras, sin que éstas puedan prescindir de aquella; porque subsiste por sus propias fuerzas, por sus trabajos personales. Las otras clases deben trabajar para ella, porque son creación suya y porque les conserva su existencia; en una palabra: realizándose todo por la industria, todo debe hacerse para la industria.

P.— ¿Qué rango social ocupan los industriales?

R.— La clase industrial, debido a la actual organización social, está ocupando la última de todas. El orden social concede aún más consideración a los trabajos secundarios e incluso a la inactividad, que a los trabajos más importantes, de utilidad más directa.

P.— ¿Por qué la clase industrial, que debe ocupar el primer rango, se halla en el último? ¿Por qué quienes son los primeros se hallan clasificados como los últimos?

R.— Lo a lo largo de este catecismo.

P.— ¿Qué deben hacer los industriales para pasar del rango inferior en que se hallan al superior que les pertenece por derecho?

R.— En este catecismo diremos el procedimiento que deben adoptar para operar dicha mejora en su existencia social.

P.— ¿Cuál es la naturaleza del trabajo que habéis emprendido? De otra forma: ¿qué os proponéis al hacer este catecismo?

R.— Nos proponemos indicar a los industriales los medios para que aumenten en un máximo posible su bienestar, hacerles conocer los medios que deben utilizar para acrecentar su importancia social.

P.— ¿De qué forma lo haréis para alcanzar ese fin?

R.— Por una parte, presentaremos a los industriales el cuadro de su verdadera situación social; haremos que vean cómo es subalterna y, por consiguiente, muy inferior a lo que debe ser, puesto que son la clase más capaz y más útil de la sociedad. Por otra parte, les trazaremos la marcha que deben seguir para situarse en el primer rango, bajo el aspecto de la consideración y del poder.

P.— ¿Así, pues, predicáis en este catecismo la insurrección y la revuelta? Porque las clases que se encuentran especialmente investidas del poder y de la consideración no están, a buen seguro, dispuestas a renunciar voluntariamente a las ventajas de las cuales disfrutan.

R.— Lejos de predicar la insurrección y la revuelta, presentaremos el único medio que puede impedir la violencia con la cual podría verse amenazada la sociedad, y a la cual escaparía difícilmente, si la potencia industrial continuase su pasividad en medio de las facciones que se disputan el poder. La tranquilidad pública no podrá ser estable mientras los industriales más importantes no se encarguen de dirigir la administración de la riqueza pública.

P.— Explicadnos esto y decidnos por qué la tranquilidad pública se vería amenazada si los industriales más importantes no son encargados de dirigir la administración de la riqueza pública.

R.— La razón es muy sencilla: la tendencia política general de la inmensa mayoría de la sociedad es la de ser gobernada lo más barato posible; ser gobernada lo menos posible; por los hombres más capacitados y de una forma que asegure la tranquilidad pública. Ahora bien, el único medio de satisfacer los deseos de la mayoría consiste en conceder a los industriales más importantes la dirección de la fortuna pública; porque los industriales más importantes son los más interesados en el mantenimiento de la tranquilidad, en la economía de los gastos públicos o en la limitación de lo arbitrario; por último, los industriales más importantes son, entre todos los miembros de la sociedad, los que han dado pruebas de la mayor capacidad en administración positiva, los éxitos que han obtenido en sus empresas particulares han contrastado su capacidad en ello.

En el actual estado de cosas, la tranquilidad pública está amenazada, porque la marcha del gobierno se halla en directa oposición con las más positivas intenciones de la nación. Lo que la nación desea es ser gobernada lo más barato posible, y jamás el gobierno le ha costado más caro que ahora; le cuesta mucho más que antes de la revolución. Antes de la revolución, la nación estaba dividida en tres clases: nobles, burgueses e industriales. Los nobles gobernaban; los burgueses y los industriales les pagaban.

Hoy en día, la nación sólo está dividida en dos clases; los burgueses, que hicieron la revolución y que la dirigieron hacia sus intereses, anularon el privilegio exclusivo de los nobles a explotar la riqueza pública. Habiendo conseguido su admisión en la clase de los gobernantes, resulta que hoy los industriales son los que tienen que pagar a nobles y burgueses. Antes de la revolución, la nación pagaba 500 millones en concepto de contribuciones; hoy en día, paga mil millones y no bastan; el gobierno, con frecuencia, solicita empréstitos considerables. La tranquilidad pública se verá más y más amenazada, porque las cargas irán aumentando sin parar. El único medio de impedir las insurrecciones que podrían llegar consiste en que los más importantes industriales sean encargados del cuidado de la administración de la riqueza pública.

P.— Lo que acabáis de decirnos es muy bueno, muy interesante y de la mayor importancia; pero no nos instruye directamente sobre lo que deseamos saber. El punto que os rogamos nos aclaréis es el siguiente: ¿Es posible hacer salir de la alta dirección de los intereses pecuniarios de la sociedad a los nobles, militares, legistas y rentistas que la tienen en sus manos, en una palabra, a las clases que no son industriales, para hacerla pasar a manos de los industriales, sin utilizar procedimientos de violencia?

R.— Los medios violentos valen para derribar, para destruir, pero sólo sirven para eso. Los medios pacíficos son los únicos que pueden edificar, construir y establecer las constituciones sólidas. Pues bien, el acto de investir a los más importantes industriales con la dirección de los intereses pecuniarios de la nación es un acto de construcción; es la disposición política más importante que pueda ser tomada; esta disposición servirá de base a un edificio social nuevo; esta disposición acabará la revolución y pondrá la nación al abrigo de nuevas sacudidas. Los más importantes de entre los industriales cumplirán gratuitamente la función de preparar el presupuesto, y resultará que esta función sólo será muy débilmente deseada. Los industriales que preparen el presupuesto se propondrán como fin la economía en la administración de los negocios públicos; por ello, a los funcionarios sólo darán remuneraciones moderadas. Como quiera que entonces los empleos de funcionario se verán mediocremente buscados, su número disminuirá considerablemente, de forma que el de aspirantes disminuirá igualmente y, necesariamente, se establecerá un orden en el cual gran número de cargos serán ejercidos gratuitamente, porque los ricos ociosos no hallarán ningún otro medio para procurarse la consideración.

Cuando se estudia el carácter de los industriales y la conducta que han observado durante la revolución,

la nación, tanto la moral humana como la divina llaman a los más importantes de entre ellos a la dirección de las finanzas. Así pues, los industriales están investidos de todos los medios necesarios; están investidos de medios irresistibles para operar la transición en el organismo social que les haga pasar de la clase de gobernados a la de gobernantes.

P.— *La unión hace la fuerza; por no estar unidos los industriales, se ven dominados por los nobles, los militares, los legistas, los rentistas y los funcionarios públicos. No cabe la menor duda de que siendo de una superioridad tan manifiesta, su unión simplemente bastaría para investirles de la dirección suprema de los negocios comunes; no cabe la menor duda de que no se verían precisados a utilizar la violencia para que las otras clases reconozcan tal superioridad, las cuales, incluso unidas, son demasiado inferiores en fuerza, con relación a la industrial, para que puedan intentar disputarle el poder. Pero, en virtud de la naturaleza misma de la cosas ¿no existe un obstáculo radical para la unión de los industriales? Nos sentimos inclinados a creer que sí y fundamos esta creencia en el solo hecho de que, pese al interés de los industriales para conseguir su unión desde los orígenes de la sociedad, constantemente se han dejado dominar por las clases no industriales.*

R.— Cuando los francos hubieron conquistado las Galias y se repartieron el territorio, se vieron, al mismo tiempo, convertidos en sus jefes militares e industriales. Y fue progresivamente cómo la clase industrial se separó de la militar, cómo fue adquiriendo importancia, cómo se dio jefes distintos a los jefes militares, y sólo hoy en día posee la fuerza y los medios suficientes para constituirse en primera clase de la sociedad; de aquí el error al deducir el hecho de que los industriales formen, desde hace 1.400 años, la clase inferior de la nación francesa, el que estén destinados para siempre al último rango y el que hoy no puedan elevarse al primer grado del poder y de la consideración. Una recapitulación rápida de los progresos políticos de la industria y de los industriales, desde el origen de nuestra sociedad francesa hasta el día de hoy, pondrá esto perfectamente claro.

P.— El examen que vamos a hacer es de la mayor importancia; su importancia debe cambiar totalmente el aspecto de las cosas en política, que debe imprimir a la política un carácter enteramente nuevo, que debe cambiar la naturaleza de esta rama de nuestros conocimientos. Hasta el presente, la política no ha sido más que una ciencia conjetural, o dicho de otra forma: no se ha actuado ni hablado en política más que por rutina.

Cuando este examen esté concluso, se podrán apoyar los razonamientos sobre hechos observados, sobre una serie de mil cuatrocientos años de observaciones. Por consiguiente, es en extremo deseable que dicho

examen sea fácil de asimilar, juzgar y retener. Para
alcanzar este fin, proponemos que dividáis vuestra
capitulación en cuatro partes o épocas, a saber:

—Desde el establecimiento de los francos en las Ga-
lias hasta la primera cruzada.

—Desde Luis XI hasta el reinado de Luis XIV, am-
bos comprendidos.

—Desde el reinado de Luis XIV hasta el estableci-
miento del sistema de crédito.

Y tras esa gran serie de hechos, diréis lo que debe
acontecer a la clase industrial. Así pues, ante todo, os
preguntamos cuáles han sido los progresos realizados
por la industria, así como la importancia adquirida
por los industriales, desde el establecimiento de los
francos en las Galias hasta la primera cruzada.

R.— Desde el establecimiento de los francos en
las Galias hasta la primera cruzada tuvo lugar una
operación política de la mayor importancia, una
operación que preparó todos los progresos que han
tenido lugar desde aquella época en la civilización
y, por consecuencia, en el progreso de la industria;
porque los progresos en industria son los más positivos de todos. Esta operación consiste en la amal-
gama de los vencedores y vencidos, en la formación
de la nación francesa compuesta de francos y galos.

Los progresos posteriores de la industria se han preparado durante aquella época, pero ninguno que merece ser citado. Los francos, que eran los jefes militares de la nación eran, al mismo tiempo, los directores de los trabajos industriales: casi todas las tierras les pertenecían; también se habían apoderado de los instrumentos de la cultura, a cuya cabeza figuraban los galos, que al estar apegados a la tierra formaban la primera clase de los animales domésticos.

Los fabricantes de instrumentos agrícolas también estaban en esclavitud y, por consiguiente, bajo la dirección de los francos; por último, la fabricación de los tejidos con los cuales se vestía estaba dirigida por las mujeres de los francos, que se habían de ejecutar bajo sus propios ojos y en sus castillos. Durante este lapso de tiempo los artesanos, pese a seguir en la esclavitud, adquirieron importancia y consiguieron formar un peculio que escondieron con cuidado.

P.— *¿Qué ocurrió desde la primera cruzada hasta el reinado de Luis XI? ¿Cuáles han sido los progresos de la industria? ¿Cuáles son las causas que han determinado tales progresos?*

R.— Las cruzadas ocasionaron dispendios muy considerables a los aristócratas, es decir, a los francos: sus ingresos resultaron insuficientes para satisfacerlos. Se vieron obligados, para procurarse las sumas que precisaban, a vender franquicias a los galos que se hallasen en condiciones para pagarlas. Los galos que adquirieron la mayor parte de tales franquicias fueron los artesanos que habían tenido, más que los otros, ocasiones para juntar unos ahorros.

Los francos también vendieron tierras a los galos que por cualesquiera medios habían conseguido procurarse dinero; y así fue como las cruzadas determinaron la distinción de la clase industrial y de la clase militar. La economía y la actividad de dicha clase acrecentaron en seguida su importancia desde la última cruzada al advenimiento de Luis XI.

Y también fueron las cruzadas las que determinaron el perfeccionamiento y acrecentamiento, en extensión y multiplicidad, de los trabajos industriales. Los nobles que habían ido a la ruina en sus expediciones asiáticas, se trajeron a Francia el gusto por el lujo, el placer de la galantería, y particularmente el muy vivo deseo de poseer bellas armas. La galantería de los hombres desarrolló la coquetería de las mujeres; y las mujeres, al convertirse en coquetas, gustaron del lucimiento. Las muestras de los bellos tejidos fabricados en Asia inspiraron al bello sexo el deseo de poseer otros semejantes; de ahí, el origen del comercio exterior; de ahí, el origen de la fabricación de armas de lujo; de ahí, por último, el origen de la fabricación de todos los objetos confortables para una población apta para saborear los goces delicados.

Resumiendo, en la época del advenimiento al trono de Luis XI, la clase industrial estaba bien diferenciada de la clase militar. Dicha clase estaba compuesta por tres estamentos, a saber:

–Galos propietarios de tierras, cultivadores de tales tierras y que no eran militares.

–Artesanos que han conseguido la libertad y que se han reunido en las ciudades.

–Negociantes que importaban a Francia los tejidos fabricados en Asia y que hacían circular por el país los objetos de fabricación francesa.

P.— ¿Cuáles han sido los desarrollos de la industria desde Luis XI hasta Luis XIV, ambos comprendidos? ¿Cuáles han sido las causas del avance y de la importancia adquiridos por los industriales?

R.— En el siglo XV, la realeza ya había adquirido mucha fuerza en comparación con la que tenía en la época de la conquista de las Galias por los francos; época en la cual no era más que el generalato del ejército de los francos, generalato nombrado por los jefezuelos cuyas tropas integraban aquel ejército.

Luis XI, al subir al trono, reconoció que la realeza no era todavía más que una institución política muy precaria, que todavía carecía de un carácter positivo y estable; reconoció que el poder soberano todavía pertenecía colectivamente a los barones; reconoció que el rey no era más que el barón más importante, y que se había conservado entre los descendientes de los jefezuelos, transformados en barones, la tradición de que el rey, para ellos, no era más que un *primus inter pares*, electivo y destituible a su voluntad; por último, reconoció que el hecho en que debía fijar su atención consistía en esto: que en Francia, los barones unidos eran más fuertes y más poderosos que el rey, y que la realeza no tenía, en la constitución feudal, otro medio de conservar la supremacía que mantener la división entre los barones, al tiempo que conseguía la fidelidad de los más importantes para su partido.

Luis XI concibió el proyecto de concentrar todo el poder soberano en las manos de la realeza, anular la supremacía de los francos sobre los galos, destruir el sistema feudal, suprimir la institución de la nobleza y constituirse en rey de los galos en lugar de ser jefe de los francos. Para triunfar en tal proyecto, le era preciso combinar su autoridad con los intereses de una clase lo bastante fuerte para sostenerle y para asegurarle el éxito de su empresa. Se alió con los industriales.

Los industriales deseaban que el poder soberano estuviese concentrado en las manos de la realeza, porque éste era el único medio de suprimir los obs-táculos con los cuales se enfrentaba el comercio inte-rior de Francia, por obra del efecto de la división del poder soberano; también deseaban convertirse en la primera clase de la sociedad, tanto por satisfacción de su amor propio, como por las ventajas materiales que resultarían del trabajo de hacer la ley, que la ley siempre favorece a quienes la hacen. En consecuencia, los industriales aceptaron la alianza que les fue propuesta por la realeza, y, desde aquella época, han permanecido constantemente ligados con ella. Luis XI debe ser tenido como el fundador de la liga que se formó en el siglo XV entre la realeza y la industria contra la nobleza, entre el rey de Francia y los galos contra los descendientes de los francos.

Esta lucha entre el rey y los grandes vasallos, entre los jefes de los trabajos industriales y los nobles, duró más de doscientos años antes de que los poderes soberanos fuesen concentrados en las manos de la realeza, antes de que los nobles hubiesen cesado completamente de dirigir los trabajos industriales. Pero, por fin, Luis XIV vio afluir a sus antecámaras a los descendientes o sucesores de los jefezuelos más importantes, metamorfoseados después en barones, para solicitar plazas de domesticidad en su casa; pero, por fin, la numerosa clase de los obreros no tuvo otros jefes, en sus trabajos, que los hombres, salidos de sus filas, y a quienes su capacidad o su fortuna había puesto en estado de constituirse en empresarios de alguna operación industrial.

Resulta curioso observar cuál fue la acción directa de los industriales con relación a los nobles, y los medios que utilizaron para hacerles perder toda la influencia que ejercían sobre los trabajos pacíficos. Esta observación hará conocer la diferencia radical que existe entre el carácter político de nobles y de industriales, entre la conducta de francos y de galos.

Los industriales, los galos, entregados al cultivo, fueron a los castillos para hablar con los gentilhombres y poco más o menos, utilizaron este lenguaje: "Lleváis una vida muy triste en el estado de aislamiento propio del campo; el cuidado de dirigir el cultivo de vuestras propiedades no es ocupación digna de vuestro alto linaje; arrendadnos vuestras tierras y podréis pasar los inviernos en las ciudades y los veranos en el campo, sin que jamás debáis ocuparos de otra cosa que de vuestro placer; en las ciudades, los fabricantes se apresurarán a haceros los más ricos y cómodos muebles; los mercaderes os ofrecerán en sus tiendas las telas más convenientes para hacer resaltar los encantos de vuestras esposas, y los capitalistas os prestarán dinero cuando lo necesitéis. En verano, cuando vengáis a vuestros castillos, no tendréis más que ocuparos del placer de la caza, mientras vuestras esposas se divertirán cultivando flores en sus parterres".

Los nobles fueron seducidos por esta proposición; la aceptaron y, desde entonces, dejaron de tener importancia positiva en el estado, pues dejaron de ser los jefes del pueblo en sus trabajos cotidianos. Lo notable, decimos ante el cambio determinado por los industriales, fue el carácter de su conducta, completamente distinto a la forma de proceder que existía en la sociedad antes de la formación de su clase.

Antes de la formación de la corporación de los industriales, en la nación no existían más que dos clases: la que mandaba y la que obedecía. Los industriales se presentaron con un nuevo carácter: desde su inicio en política no buscaron el mando ni la obediencia; introdujeron su forma de obrar punto por punto, ya fuese con superiores o con inferiores; no reconocieron otros amos que las combinaciones que conciliaban los intereses de las partes contratantes.

Ahora, si gustáis, pasaremos al examen de lo sucedido desde el siglo de Luis XIV hasta el establecimiento del sistema de crédito.

P.— Vais demasiado aprisa; queda un punto por aclarar. Parece ser que Luis XIV, tras haber hecho suyas las ventajas resultantes de su alianza con los industriales y de haber reducido a los grandes vasallos a la condición de prepararle la camisa y de servirle a la mesa, abandonó por completo a los industriales; únicamente se preocupó de adquirir una gran reputación como militar y conquistador, de construirse soberbios palacios y de hacer devorar, por sus cortesanos, todos los productos de los trabajos industriales. ¿Que podéis decirnos con respecto a esto?

R.— Desde luego, Luis XIV fue demasiado gastador; amó en demasía la guerra; pero no se tiene derecho a sacar la conclusión de que no rindió importantes servicios a la industria. Siguiendo sus órdenes, Colbert suministró fondos para el establecimiento de grandes fñabricas; y con los fondos de su tesoro se creó la hermosa manufactura de Van-Robais, que tanto impulsó los trabajos en espléndidos tejidos de lana. Por último, él fue quien combinó la alianza entre la capacidad científica positiva y la capacidad manufacturera. Creó la Academia de Ciencias, dándole, por principal y especial ocupación, el cuidado de aclarar y secundar los trabajos industriales.

Permitidnos haceros observar que esta recapitulación debe ser lo más rápida posible. Por consiguiente, os invitamos a que no nos hagáis entrar en mayor número de detalles, para pasar inmediatamente al examen de los progresos de la industria y de la importancia adquirida por los industriales desde el reinado de Luis XIV hasta el establecimiento del sistema de crédito, ambos comprendidos.

P.— *Para acceder a tal deseo, os rogamos nos digáis cómo los industriales han podido elevarse desde la posición social en extremo subalterna en que todavía se hallaban durante el reinado de Luis XIV, con relación a la nobleza, hasta la actitud de rivalidad que han adoptado contra todas las clases que no son industriales. En una palabra, os rogamos nos digáis cómo es posible que hoy en día la Chausséed'Antin se atreva a luchar con el arrabal de Saint-Germain.*

R.— Antes del siglo XVIII, los cultivadores, fabricantes y negociantes se integraban en corporaciones separadas. Fue a finales del reinado de Luis XIV cuando los industriales de esas tres grandes ramas de la industria se aliaron financiera y políticamente, gracias a la creación de una nueva industria, cuyos intereses particulares coinciden con los intereses comunes a todos los industriales. La formación de dicha nueva rama de la industria dio a los industriales el medio para establecer el sistema de crédito.

Es en extremo importante observar con la mayor atención la marcha seguida por la organización del cuerpo de los industriales bajo el aspecto financiero y político; porque únicamente mediante el conocimiento de la forma en que se operó dicha organización, es posible concebir, de manera limpia y concreta, lo que los industriales deben hacer hoy en día para mejorar su existencia social; os rogamos que sigáis con la mayor atención lo que vamos a deciros.

La protección otorgada por Luis XIV a la fabricación y al comercio había sido causa de notable impulso en estas dos ramas de la industria; pero de bien tan grande había nacido un inconveniente: tanto los manufactureros como los negociantes, habiendo multiplicado sus operaciones, debían efectuar sus pagos y sus ingresos en muchos y dispares sitios, de donde resultaba que el trabajo para saldar recíprocamente sus cuentas ocupaba gran parte de su tiempo.

Las necesidades hicieron surgir las fuentes: no tardó en formarse una nueva rama de la industria, la banca. Estos nuevos industriales acudieron a los fabricantes y negociantes y les dijeron: "Empleáis mucho tiempo y hacéis grandes sacrificios para realizar entradas y salidas. Os proponemos encargarnos de tal tarea. Bien entendido de que nosotros realizaremos únicamente ese trabajo y de que las operaciones de esa clase serán realizadas por nosotros; nos será mucho más fácil y más barato realizar vuestros ingresos y pagos, mucho más que si los realizáis vosotros, pues por tal medio los traslados materiales de dinero se verán considerablemente reducidos, etc.".

La proposición de los banqueros fue aceptada por negociantes y fabricantes así que, desde entonces, los banqueros son quien realizan todos los movimientos de dinero. Los banqueros no tardaron en obtener gran crédito, lo cual debía resultar en que todos los movimientos de dinero se efectuasen por su mediación.

Para sacar partido de su crédito, los banqueros lo prestaron con interés a los negociantes y a los fabricantes. Los fabricantes y los negociantes, al disfrutar de un mayor crédito, pudieron extender sus operaciones y producir mayor cantidad de riqueza.

El resultado general, para la industria y para la sociedad, del establecimiento de la banca fue que el caudal, así como el gusto por la comodidad, recibió un gran incremento y que la clase industrial, desde aquel instante, pasó a poseer una fuerza pecuniaria mucho mayor que la de cualesquiera otras clases reunidas, e incluso mayor que el gobierno.

En tanto que los industriales habían realizado grandes progresos en capacidad, importancia y potencia real, las clases no industriales habían retrocedido en todos los aspectos; y, sin embargo, la realeza continuó eligiendo a los administradores de la riqueza pública entre los miembros de dichas clases.

La mala administración de la riqueza pública había provocado un déficit, que iba en progresivo aumento; hasta que en el año 1817, el tesoro público se halló en tan embarazosa situación que sus administradores no industriales no concebían ya ningún procedimiento para sacarlo del embarazo y cumplir con los compromisos económicos contraídos con el extranjero, todavía como consecuencia de las malas operaciones financieras que había ocasionado la revolución y, consiguientemente, sembrando la anarquía en el reino, lo cual había acabado por poner a la nación francesa bajo la dependencia de las naciones extranjeras. En estas circunstancias, los banqueros propusieron al gobierno que tomase todo el dinero que le fuese necesario, pero pusieron por condición:

1º Que el gobierno abandonara la conducta observada hasta entonces en las finanzas; que renunciase a declararse en quiebra, que adoptaría la conducta industrial leal y que pagaría íntegramente a sus acreedores, fuese cual fuese el origen de la deuda.

2º Que el asunto sería tratado entre banqueros y gobierno; que las condiciones serían debatidas entre ellos y los ministros como entre particulares.

La proposición fue aceptada. Entonces nació el crédito público, que otorgó a la realeza una solidez como nunca había tenido. Aquí acaba la recapitulación que habíamos prometido sobre los progresos de la industria y de su importancia desde el establecimiento de los francos en las Galias hasta nuestros días.

P.— Ahora queda por decirnos la consecuencia que deducís de dicha recapitulación para el porvenir. Os queda darnos a conocer el destino futuro de los industriales; o mejor dicho, establecer la marcha que deben seguir los industriales para situarse como la primera clase de la sociedad y para decidir a la realeza a que confíe la administración de la riqueza pública a los más importantes de entre ellos.

R.— Si satisfacemos inmediatamente el deseo que testimoniáis, si pasamos inmediatamente de las consideraciones sobre el pasado a las consideraciones sobre el porvenir, procederíamos de una forma no metódica. El orden de las cosas intercala el presente entre el pasado y el porvenir; por consiguiente, debemos detenernos un momento en el presente antes de lanzarnos al porvenir. He aquí, en pocas palabras, el estado presente de las cosas en política.

Los descendientes de los galos han conseguido destruir, por completo, el estado de esclavitud individual que pesaba sobre ellos; se han afanado en la dirección de los trabajos pacíficos; se han organizado de una forma industrial; de la energía militar, no han conservado más que la necesaria para rechazar las invasiones y para mantener, en el interior, el orden, es decir; el respeto a las propiedades. Los industriales, han constituido la fuerza dominadora, y son ellos quienes la poseen; porque no sólo hay más escudos en sus cofres que en los de los descendientes de los francos, sino también porque mediante su crédito pueden disponer de la casi totalidad del dinero que hay en Francia; por eso, los galos son ahora los más fuertes.

Pero el gobierno sigue en las manos de los descendientes de los francos, que administran la riqueza pública; y los descendientes de los francos han conservado la orientación que recibieron de sus antepasados, de forma que la sociedad de hoy presenta un fenómeno extraordinario: Una nación esencialmente industrial, cuyo gobierno es esencialmente feudal.

P.— Hallamos una exageración en el cuadro que presentáis. Desde luego, el gobierno es más feudal que el cuerpo de la nación; pero el espíritu feudal del gobierno se ha modificado de tal forma que está de acuerdo con el espíritu, usos y costumbres de la clase industrial la cual, efectivamente, forma hoy en día el cuerpo de la nación. Es nuestra opinión. ¿Cuál es la vuestra?

R.— Cometéis un error al imaginar que las clases gobernantes se han puesto de acuerdo con la nación: es un acuerdo imposible de establecer, porque va contra la naturaleza de las cosas. Las instituciones, como los hombres que las crean, son modificables, pero no desnaturalizables: su carácter primitivo no puede borrarse. Ahora bien, toda sociedad en cuya constitución se hallen instituciones de distinta naturaleza, toda sociedad, por muy pequeña o muy numerosa que sea, en la cual estén admitidos dos principios antagónicos, está constituida en estado de desorden: y tal es el estado presente de la población que habita el territorio francés. Los gobernados en esta población han adoptado, como guía de sus acciones, el principio industrial; no quieren obedecer más que a las combinaciones que concilian los intereses de las partes contratantes; piensan que la riqueza pública debe ser administrada en interés de la mayoría; sienten horror por los privilegios y los derechos de nacimiento, exceptuando a la realeza; tienden al establecimiento de la mayor igualdad posible, mientras que los descendientes de los francos, que hoy forman el gobierno, siempre tienen presentes los derechos resultantes de la conquista, pareciéndoles que la nación debe ser gobernada en provecho propio y obstinándose en mantener políticamente la concepción de la división en dos clases: la que manda y la que obedece.

P.– *Hay una cosa en la cual no habéis reparado: en que existe una clase intermedia entre los nobles y los industriales; esta clase preciosa es el verdadero lazo social; es la que concilia los principios feudales con los principios industriales. ¿Qué pensáis de dicha clase?*

R.— La división que acabáis de establecer es muy hermosa metafísicamente; pero no es metafísica lo que pretendemos hacer aquí: queremos combatirla. La finalidad de nuestro trabajo es sustituir por hechos los razonamientos metafísicos; por consiguiente, vamos a recapitular la formación, la existencia y los últimos trabajos de la clase intermedia que tan preciosa se os antoja. Durante largo tiempo, los francos hicieron justicia a sus vasallos personalmente, solos, y sin el concurso de erudito alguno. Pero cuando las relaciones sociales se multiplicaron y se complicaron, al llegar la ley escrita, los descendientes de los francos, que tenían a gala no saber escribir sus propios nombres, no pudieron ya bastarse para los trabajos judiciales: así nació la corporación de legistas. Los barones los tomaron por consejeros; en la audiencia, los tenían cerca y les consultaban sobre las cuestiones judiciales que era preciso resolver. Más tarde, se descargaron totalmente de resolver las diferencias que surgían entre sus vasallos; los legistas llevaron por sí solos las audiencias e hicieron justicia en nombre de los descendientes de los francos. Este es el origen de una de las clases intermedias.

Hasta el descubrimiento de la pólvora, los hombres de armas integraron el cuerpo del ejército. Tras el descubrimiento de la pólvora, fusileros y artilleros se convirtieron en la fuerza del ejército y, principalmente, fueron los descendientes de los galos quienes se transformaron en ingenieros, fusileros y artilleros, aunque el mando de las tropas siguiese en manos de los descendientes de los francos. Este es el origen de otra de las secciones de la clase intermedia.

Primitivamente, la totalidad del territorio había sido repartido entre los francos. Por entonces, la potencia soberana estaba relacionada con la propiedad territorial. Cuando los descendientes de los francos se embarcaron en las cruzadas, se vieron obligados a vender una parte de sus tierras para procurarse el dinero que necesitaban y, entonces, ocurrió que enajenaban también una porción de su soberanía; porque, por mucho que se esforzasen en despojar de los derechos de soberanía a las tierras que vendían, todo el territorio estaba imbuido de tal forma de feudalismo que los nuevos propietarios se transformaron en nobles de poca monta. Este es el origen de la tercera sección de la clase intermedia.

Se ve que estas tres secciones que integran la clase intermedia han sido creadas y engendradas por los descendientes de los francos. Más adelante veremos que las tres han obrado de conformidad con su naturaleza primitiva, desde que consiguieron hacerse con el poder. Pero, ante todo, examinemos cuál ha sido su conducta desde su origen hasta 1789.

Los legistas, los militares carreteros y los propietarios de tierras, que no eran nobles, ni cultivadores, han desempeñado, con la mayor frecuencia, el papel de protectores del pueblo contra las pretensiones y los privilegios de los descendientes de los francos.

En 1789, considerándose lo suficientemente fuerte como para desembarazarse de los descendientes de los francos, la masa intermedia determinó al pueblo a insurreccionarse contra los nobles. Por fuerza popular, consiguió que se matase una parte de los descendientes de los francos y se encargó de forzar a los que no habían huido a país extranjero. La clase media se transformó en la primera clase; y resulta curioso observar la conducta que manifestó cuando se adueñó del poder supremo. Vamos a verla.

De sus filas sacó un burgués al que hizo rey; a aquellos de sus miembros que habían desempeñado el principal papel en la revolución, dio títulos de príncipes, duques, condes, barones, caballeros, etc.; creó mayorazgos en favor de los nuevos nobles: en una palabra, rehízo el feudalismo en su provecho.

He aquí la conducta observada por la clase media, cuya existencia presentáis como tan útil para los industriales. Desde luego, los burgueses han hecho servicios a los industriales; pero, hoy en día, la clase burguesa gravita, con los nobles, sobre los industriales. Los burgueses no tienen más existencia social que los nobles de poca monta, y los industriales están interesados en librarse de la supremacía ejercida sobre ellos por los descendientes de los francos y por la clase intermedia, creada y engendrada por los nobles y, por tanto, siempre tendrá la tendencia de constituir el feudalismo en pro de sus intereses.

La clase industrial no debe realizar ninguna otra alianza más que aquella contratada bajo Luis XI con la realeza; deben combinar esfuerzos para establecer el régimen industrial, el régimen bajo el cual los más importantes de entre los industriales integren la primera clase del estado, y serán encargados de dirigir la administración de la riqueza pública.

P.— Sois demasiado tajante, demasiado absoluto, demasiado exclusivo: desearíais que no existiese más que una sola clase, la de los industriales; eso es absolutamente impracticable, porque los mismos industriales necesitan de los militares, los legistas, etc. ¿Podéis justificaros del reproche que os dirigimos?

R.— Producir un sistema significa producir una opinión que es, por su naturaleza, tajante, absoluta y exclusiva: aquí tenéis nuestra respuesta a la primera parte de vuestra objeción, Después, decís que nosotros deseamos que no exista más que una sola clase en la sociedad, la de los industriales; os equivocáis: lo que nosotros deseamos, o, mejor dicho, lo que quieren los progresos de la civilización, es que la clase industrial sea constituida la primera entre todas las clases; que las otras clases le estén subordinadas.

En tiempos de ignorancia, la dirección de la actividad nacional ha sido, principalmente, militar y, secundariamente, industrial; en aquella época, todas las clases debieron estar subordinadas a la clase militar: tal ha sido, efectivamente, la organización social de aquella época, y habría sido mala si hubiese carecido de ese carácter tajante, absoluto y exclusivo. El progreso de la civilización ha traído consigo un estado de cosas en el cual la dirección de la población en Francia es esencialmente industrial; de ahí que la clase industrial deba ser constituida la primera de todas; de ahí que las otras clases deban serle subordinadas. Cierto que los industriales necesitan de un ejército; cierto que necesitan tribunales; cierto que los propietarios no deben ser forzados a comprometer sus capitales en la industria; pero es monstruoso que sean militares, legistas y propietarios ociosos quienes sean los principales directores de la riqueza pública en el estado presente de la civilización.

P.— Deteneos; os extendéis demasiado por el momento. Entráis en la discusión del fondo de la cuestión y perdéis de vista que el punto cuyo examen nos ocupa ahora tiene por objeto precisar el carácter del estado presente de las cosas en lo político. Así pues, dadnos vuestro resumen con respecto a ello.

R.— He aquí, en pocas palabras, el resumen que me pedís: la época actual es una época de transición.

P.— Pasemos a la consideración del porvenir. Decidnos cuál será el destino político de los industriales.

R.— Los industriales se constituirán en la primera clase de la sociedad; los más importantes de entre los industriales se encargarán, gratuitamente, de dirigir la administración de la riqueza pública: ellos serán quienes hagan la ley y quienes marcarán el rango que las otras clases ocuparán entre ellas; concederán a cada una de ellas una importancia proporcionada a los servicios que cada una haga a la industria. Tal será, inevitablemente, el resultado final de la actual revolución; y cuando se obtenga este resultado, la tranquilidad quedará completamente asegurada, la prosperidad pública avanzará con toda la rapidez posible, y la sociedad disfrutará de la felicidad individual y colectiva a la que puede aspirar.

Esta es nuestra opinión sobre el porvenir de los industriales y sobre el de la sociedad; y ahora presento las consideraciones en las que baso este criterio:

1.º La recapitulación del pasado de la sociedad nos ha probado que la clase industrial había adquirido importancia de forma continuada, mientras que las otras la habían perdido continuamente; de ahí podemos sacar la conclusión de que la clase industrial debe acabar por constituirse la más importante de todas.

2.º El simple sentido común ha depositado en todos los individuos el razonamiento siguiente: los hombres, habiendo trabajado siempre en pro de la mejora de su destino, siempre han tendido hacia una meta: el establecimiento de un orden social en el cual la clase ocupada en las tareas más útiles sea la más considerada, y es precisamente dicha meta la que, necesariamente, acabará por alcanzar la sociedad.

3.º El trabajo es la fuente de todas las virtudes; los trabajos más útiles deben ser los más considerados; por ello, tanto la moral divina como la humana llaman a la clase industrial para desempeñar el primer papel en la sociedad.

4.º La sociedad se compone de individuos; el desarrollo de la inteligencia social no puede ser otro que el de la inteligencia individual elevado a una escala mayor. Si se observa el curso que sigue la educación, advertimos que en las escuelas primarias predomina la acción de gobernar; y en las escuelas de categoría superior, se advierte que la acción de gobernar a disminuye continuamente en intensidad, mientras que la enseñanza desempeña un papel de creciente importancia: lo mismo ha sido para la educación de la sociedad; la acción militar, es decir, feudal, tuvo que ser la más fuerte en su origen; pero ha decrecido continuamente, al tiempo que la acción administrativa ganaba importancia; y el poder administrativo debe acabar por dominar al poder militar.

Militares y legistas deben acabar por estar a las órdenes de hombres más capacitados para la administración; porque una sociedad ilustrada no necesita ser administrada; porque en una sociedad ilustrada la fuerza de las leyes y los militares para hacer obedecer la ley no deben ser empleadas más que contra aquellos que pretendiesen trastornar la administración.

Las concepciones directrices de la fuerza social deben ser producidas por los hombres más capacitados en administración. Ahora bien, los más importantes de entre los industriales, habiendo sido quienes han dado pruebas de una mayor capacidad en lo administrativo, ya que merced a su capacidad en ello deben la importancia que han adquirido, son los que, en definitiva, serán necesariamente encargados de la dirección de los intereses sociales.

P.— *Consideramos vuestra demostración como suficiente, admitimos vuestra opinión sobre el porvenir político de los industriales, e inmediatamente vamos a entablar el examen de la gran cuestión, la cuestión con relación a la cual cuanto hemos dicho precedentemente no ha sido más que preliminar, preparatorio; es decir, la cuestión después de la cual ya no tendremos más que cuestiones secundarias a tratar; la cuestión que, en definitiva, interesa más directamente a los industriales.*

Decidnos cómo se operará el cambio radical que nos habéis probado que debe efectuarse; decidnos lo que los industriales deben hacer para elevarse al primer rango social; decidnos cómo se conducirán a tal resultado; decidnos cómo será dirigida dicha empresa; decidnos, sobre todo, quiénes serán los hombres lo bastante audaces para llevar a cabo semejante empresa.

R.— Nuestra respuesta a lo que preguntáis será la más clara y la más positiva: somos nosotros los audaces mortales que realizarán dicha empresa: nosotros seremos quienes nos propondremos elevar a los industriales al primer grado de consideración y poder.

Le diremos más: le diremos que esta compañía se inició con el hecho de la producción de este primer cuaderno del Catecismo de los Industriales.

P.— Vuestra respuesta es muy positiva viendo que sois vos mismo quien se propone operar el cambio que debe colocar los industriales a la cabeza de la sociedad; pero sólo es positiva bajo dicho aspecto. Ahora nos toca examinar si la empresa está bien concebida, si sois capaz de dirigir tal labor; todavía tenéis que darnos a conocer vuestra combinación, la marcha que vais a seguir, y cuáles son los medios de que disponéis para atender los gastos de la empresa; porque los industriales no son susceptibles de experimentar el más mínimo interés por una empresa en la cual la parte financiera ha sido mal concebida, mal combinada.

Por lo demás, confesamos que estamos satisfechos de ver que de esta empresa hacéis algo personal: cierto es que las cosas que son negocios de todos, acaban por no serlo de nadie; cierto es que el interés personal es el único agente que puede dirigir el interés público. La dificultad estriba en hallar la combinación que haga coincidir el interés personal con el interés público. Pero no creemos que debamos extendernos sobre consideraciones de principios, pues el examen se halla limitado al de un hecho particular, al hecho de vuestra empresa. Así pues, os rogamos que respondáis a las cuestiones que os hemos expuesto al principio de esta pregunta.

R.— Empezaremos por presentarnos, porque el público gusta de conocer positivamente cuáles son las personas que se toman la libertad de llamar la atención sobre su pensamiento; por eso, vamos a haceros las siguientes declaraciones que se refieren a nuestra conducta política, y después a nuestros trabajos.

1º Durante la revolución, desempeñamos el papel de observador. No tuvimos ningún cargo público, ni siquiera fuimos notable de pueblo, ni tampoco nos relacionamos con ninguno de los partidos políticos que han dividido a Francia desde 1789. En una palabra, la opinión que producimos es virgen.

2º Esta empresa no la hemos realizado a la ligera; liemos dedicado cuarenta y cinco años a meditarla y prepararla. Como resultado de nuestras meditaciones y trabajos, hemos llegado a la conclusión de que para pasar del régimen en el cual los industriales están sometidos a los militares, legistas y rentistas, al orden social que debe colocar la dirección de los intereses generales en manos de los industriales, era indispensable cumplir una condición: la clara concepción del régimen industrial y hacérsela ver a los más importantes de entre los industriales.

Es decir, que hemos reconocido la necesidad de hacer concebir a los industriales más importantes la forma en que podían y debían emplear todas las capacidades útiles al servicio de la industria y en interés de los productores; por último, hemos reconocido que la empresa de que la sociedad está necesitada, y que nosotros estamos dispuestos a realizar, no ofrecía más que una dificultad: la de concebir el sistema industrial; que la dificultad consistía en hallar el medio de acordar el sistema científico, el de educación pública, el religioso, el de bellas artes, y el de las leyes con el de los industriales; que consistía en hallar el medio para que sabios, teólogos, artistas, legistas, militares y rentistas más capacitados colaborasen en el establecimiento del sistema social más ventajoso para producción y el más satisfactorio para los productores.

Por último, declararnos que hemos alcanzado la meta que suponía vencer dicha dificultad; manifestamos que en este catecismo, de forma clara y lo suficientemente desarrollada, indicaremos a los industriales los medios que deben emplear para conseguir el concurso de todas las capacidades útiles al establecimiento de la organización social que puede procurarles el máximo de satisfacción.

P.— No convenimos en que la dificultad que pretendéis haber superado sea la única que se opone al éxito de vuestra empresa; pero confesamos que nos parece ser la mayor de todas, y os rogamos nos digáis, de forma positiva, a qué punto, relativamente, habéis llegado en vuestro trabajo. Os rogamos que nos digáis si tal trabajo existe tan sólo en vuestra mente, que lo ha intuido, o si bien se ha trasladado ya al papel.

R.— Añadiremos al Catecismo de los Industriales un volumen sobre el sistema científico y el de educación. El citado trabajo, del cual hemos lanzado las bases y cuya ejecución hemos confiado a nuestro discípulo Augusto Comte, expondrá el sistema industrial a priori, al tiempo que nosotros continuaremos, en este catecismo, su exposición a posteriori.

P.— *Admitimos, de momento, que habéis llegado a concebir con claridad la marcha que deben seguir los industriales para elevarse al primer grado de importancia social; no obstante, os diremos que, una vez vencida esta primera dificultad, se presenta una segunda; ¿Cómo conseguiréis que los industriales comprendan el plan que habéis concebido?*

R.— Se expresa con facilidad lo que se concibe con claridad: las primeras páginas de este catecismo bastan para probar que estamos en condiciones, como resultado de cuarenta y cinco años de labor, de exponer nuestras ideas de forma clara y fácil de retener.

P.— *Después de vencer estas dos dificultades, se presentará una tercera que acaso sea más difícil de superar que las dos primeras. Admitimos que habéis concebido bien, es decir, inventado bien el sistema industrial; admitimos que lo habéis expresado con claridad; admitimos, igualmente, que sea bien com-*

prendido por los industriales; pues bien, una vez ad-
mitido todo lo anterior, os preguntamos el medio que
los industriales deberán utilizar para establecerlo.

R.— Han sido necesarias multitud de piedras y mucho tiempo para construir la basílica de San Pedro de Roma; pero, tras la ejecución de gran número de trabajos, llegó el momento en que al colocar una sola piedra se cerró la cúpula y concluyó el edificio.

Desde el siglo XV, el sistema feudal se ha desorganizado sucesivamente, y el sistema industrial se ha organizado desde aquel momento. Una conducta conveniente por parte de los principales jefes de la industria, unidos entre sí, bastará para establecer el sistema industrial y para hacer que la sociedad abandone el edificio feudal habitado por nuestros antepasados.

P.— *Concretad más vuestra idea y desarrolladla.*

R.— El momento no es el indicado para discutir esta cuestión; no debemos desarrollar nuestras ideas con relación a los medios de realización hasta después de haber concluido la exposición de nuestro sistema. Sin embargo, para satisfacer con anticipación, y en la medida de lo posible vuestro deseo manifiesto, os diremos: los intereses políticos de Europa se discuten en Francia y los intereses sociales de los franceses se discuten en París. Ahora bien, como quiera que la clase industrial dentro de la población parisina es la más numerosa y la más importante de otras clases, reunidas o separadas, los industriales parisinos pueden organizarse en partido político; una vez se hayan organizado, la organización de todos los franceses, y después de todos los europeos, será cosa fácil, y de la organización de los europeos industriales en partido político resultará, necesariamente, el establecimiento del sistema industrial en Europa, y la anulación del sistema feudal.

P.— *El gobierno se opondrá a la integración de la clase industrial en partido político.*

R.— Os equivocáis y vuestro error proviene de que siempre confundís el partido liberal con el industrial. El partido liberal siempre ha tenido y siempre tendrá por directores a las clases intermedias. Ahora bien, dichas clases, habiendo sido engendradas por la clase feudal, poseen la naturaleza del feudalismo; por ello, deben tender a la reorganización del feudalismo en provecho propio. La verdadera divisa de los jefes de dicho partido es: quítate de ahí, que me pongo yo. Su fin aparente es la supresión de los abusos; su fin real, explotarlos en provecho propio. Consecuentemente, el gobierno ha debido y debe utilizar todas sus fuerzas para impedir el acrecentamiento en importancia del partido liberal.

El gobierno, por el contrario, no deberá, no querrá, no podría impedir la formación del partido industrial, porque dicho partido es esencialmente pacífico, porque no pretende ejercer su acción más que por la fuerza de la opinión pública, y el gobierno no puede impedir la formación de la opinión pública.

En una palabra, la clase industrial integra los veinticuatro veinticincoavos de la nación, de forma que cuando los industriales posean una opinión política que les sea propia, dicha opinión será la opinión pública; y la opinión pública, como dice el proverbio, es la reina del mundo. Ninguna fuerza puede oponérsele: si la tranquilidad no se ha logrado aún, significa que la opinión pública no se ha pronunciado.

P.— *Deberíais presentar vuestro trabajo al rey. Para que tal transformación social pueda realizarse de forma pacífica, sería preciso que fuese provocada y dirigida por la realeza. ¿Qué pensáis vos de ello?*

R.— Desde luego, enviamos este trabajo al señor presidente del consejo de ministros, rogándole tenga a bien someterlo a la consideración de S. M.; pero no debéis figuraros que el rey puede ponerse inmediatamente a trabajar en la realización de esta transformación. Para que dicha transformación sea posible, es necesario que haya sido preparada por los escritores. El poder real está mucho más limitado de lo que, en general, se cree; se halla limitado por el supremo orden de las cosas. Un soberano que quiera mejorar la organización social de sus pueblos más que el estado de sus conocimientos y de su civilización no acarrea, necesariamente, el fracaso a la empresa. De tan importante verdad hemos tenido un ejemplo actual en José II de Austria, quien se propuso vender los bienes del clero y menguar los privilegios de los nobles.

Es preciso que la doctrina industrial haya sido propagada; es preciso que los más importantes de entre los industriales hayan adquirido una idea bien clara de la forma en que deben utilizar a los sabios, artistas, legistas, militares y rentistas, para lograr la mayor prosperidad de la industria, y esto antes de que el rey pueda emplear, de forma útil, su autoridad en pro de situar a los industriales en el primer rango social.

Examinad el estado presente de la conciencia de los industriales y os daréis perfecta cuenta de que no experimentan el sentimiento de superioridad de su clase; es más, casi todos desean salir de ella para entrar en la clase de los nobles. Unos solicitan una baronía; otros, los más, se empeñan en ofrecer a los descendientes de los francos la fortuna adquirida en la industria, a condición de que acepten a sus hijas. Lejos de apoyarse unos a otros, se celan y recíprocamente procuran obstaculizarse por medio de las autoridades. Los banqueros de todos los países se empeñan en vender a todos los gobiernos el crédito de la industria, sin que sus operaciones financieras se vean detenidas ante la idea de que se asocian a los residuos del feudalismo, prolongando el estado subalterno en que se halla la clase industrial, hasta el presente, con relación a las otras clases.

P.— Por lo menos, reconoceréis que es preciso mucho tiempo para triunfar en esta empresa, es decir, para conseguir la educación de los industriales y para enseñarles a conducirse conforme a sus intereses.

R.— Será necesario menos tiempo del que os imagináis: se aprende pronto aquello que interesa, por lo que se tiene interés positivo en saber. La educación política de los industriales requerirá menos tiempo del que imagináis; se efectuará con tanta más rapidez por cuanto la publicación del sistema industrial determinará a los hombres más capacitados a seguir las direcciones útiles en las cuales hay que trabajar; es tan agradable nadar a favor de la corriente; es tan extravagante desear el retroceso en lo relativo a civilización, que una vez establecida la idea de que el sistema industrial debe predominar, los hombres capacitados de todas las especialidades dejarán de prolongar la existencia política de los residuos del feudalismo.

Los hombres más capacitados en la dirección científica, teológica, artística, y en la de legistas, militares y rentistas, no tardarán en asociarse a nuestra empresa; y cuando una minoría capacitada en tan distintos aspectos trabaje en pro de la formación del sistema industrial, bajo la dirección administrativa de los más importantes industriales, dicho sistema se organizará rápidamente y, rápidamente también, será puesto en ejecución.

P.— Pasemos al examen de la parte financiera de la empresa y decidnos cómo os procuraréis los fondos necesarios para la realización de tan grave proyecto.

R.— La exposición de nuestra concepción financiera sería prematura en este momento; para presentarla, debemos esperar a que nuestro Catecismo haya captado la atención de los industriales más importantes; hoy por hoy, nos limitaremos a deciros que, como resultado de esta combinación, el porvenir político de los industriales se dirimirá en la Bolsa, como actualmente en ella se dirime el porvenir feudal de Austria, al igual que el futuro constitucional de Inglaterra y de Francia.

P.— Falta hablar de la conducta política que debe observar la masa industrial durante el tiempo que de realización de la gran empresa que lleváis a cabo.

R.— Los industriales que reciban este Catecismo deben leerlo con la mayor atención; deben comunicarlo a los amigos suyos que sean industriales; deben discutirlo con ellos: discutir las ideas y, sobre todo, los hechos que contiene, y apropiarse, en el mayor grado posible, la doctrina que en él se profesa.

P.— Admitiendo lo que acabáis de decir, de ello resultaría que los industriales vendrían a ser totalmente pasivos en política durante todo el tiempo que exigirá la

publicación de vuestra doctrina, lo cual es monstruoso
y absurdo; así, pues, es indispensable que nos digáis cuál
de los partidos políticos existentes debe ser apoyado por
los industriales en espera de que la publicación de vues-
tra doctrina les haya proporcionado los medios para
constituirse en partido político industrial, puramente
industrial y bien diferenciado de todos los partidos que
han existido hasta hoy. Resumiendo, os preguntamos
a cuál de los partidos políticos, actualmente existentes,
deben los industriales conceder su apoyo.

R.— Al centro-izquierda y centro-derecha, considerados como integrantes de un sólo partido, los
industriales deben conceder su apoyo, en razón de
que los actos de violencia, los golpes de estado, son
lo más temible para los productores, quienes no
pueden alcanzar su meta como no sea por medios
leales, legales y pacíficos. Pues bien, los miembros
del centro-izquierda y los del centro-derecha, son
los que se muestran más pacíficos de entre todos los
diputados. Los diputados más ambiciosos, aquellos a
quienes repugna menos el empleo de procedimientos violentos y de los golpes de estado, son los que
ocupan la extrema-izquierda a la extrema-derecha.

P.— *Ahora, en pocas palabras, resumidnos todas*
las cuestiones que hemos discutido desde el comienzo
de esta conversación.

R.— Esta es la recapitulación general de la conversación. Será un resumen seguido de conclusión, de forma que os daremos más de lo que habéis pedido.

Es evidente que el régimen industrial es aquel que puede procurar a los hombres la mayor suma de libertad general e individual, asegurando a la sociedad la mayor tranquilidad de que puede disfrutar.

Resulta igualmente evidente que dicho régimen investirá a la moral del mayor imperio que le sea posible ejercer sobre los hombres, al mismo tiempo que procura a la sociedad en general y a sus miembros en particular el mayor número posible de goces.

También es evidente que la sociedad no puede ser conducida del régimen feudal al régimen industrial, pues dichos regímenes son radicalmente distintos, incluso opuestos. El primero ha tendido a establecer entre los hombres la mayor desigualdad posible, separándolos en dos clases, gobernantes y gobernados; haciendo el derecho de gobernar hereditario y transmitiendo de padres a hijos la obligación de obedecer.

El sistema industrial está fundado sobre el principio de igualdad perfecta; se opone a todo derecho de nacimiento y a toda especie de privilegios.

Es evidente que el régimen industrial, no pudiendo ser introducido por azar o rutina, ha debido ser concebido a priori y que ha debido ser inventado, en su conjunto, antes de ser puesto en ejecución.

Es evidente, por el hecho de haberse producido este Catecismo, que el espíritu humano se ha elevado a la concepción del conjunto del régimen industrial.

De tales evidencias, sacamos la conclusión de que tanto la moral divina como humana llama a los hombres más distinguidos en todos los campos de la sociedad a que unan sus esfuerzos para operar la organización del sistema industrial, en sus detalles, y para determinar a la sociedad en general a que lo ponga en ejecución; sacamos la conclusión de que siendo la clase industrial la que produce todas las riquezas y, al mismo tiempo, la que se halla más interesada en el establecimiento del régimen industrial, son los industriales quienes, de forma directa y voluntaria, deben pagar todos los gastos que pueda exigir la transición del sistema feudal, modificado por el régimen constitucional, al sistema industrial puro.

P.— Cuanto acabáis de decirnos tiene bastante interés y es muy atractivo. La serie de observaciones que nos habéis presentado está muy clara y bastante bien establecida; la consecuencia que habéis sacado se deduce con bastante naturalidad: en una palabra, nos vemos violentamente tentados a adoptar vuestro sistema, y sin duda lo aceptaremos si os halláis en condiciones de refutar las cuatro objeciones que vamos a formularos.

He aquí la primera de dichas objeciones, o, mejor dicho, el primer punto que os pedimos nos aclaréis:

¿Puede efectuarse la transformación en el orden social que proponéis, sin afectar a la realeza?

R.— La institución de la raleza posee un carácter de generalidad que la distingue y que la sitúa por encima de todas las otras instituciones. Su existencia no está ligada al sistema político actual. Dicha institución convendrá, igualmente, a todos los sistemas de organización social de cuyo establecimiento puedan tener necesidad los progresos de la civilización.

Porque el rey de Francia declare o, mejor dicho, reconozca que los industriales constituyen la primera clase de sus súbditos, porque encargue a los industriales más importantes de la dirección de sus finanzas, no será por ello ni más ni menos rey de Francia y de los franceses de lo que hoy es, pues la realeza es independiente de la clasificación de los súbditos. La mayoría de la nación, sintiéndose más dichosa a causa de la disminución de los impuestos y de su mejor empleo, lo cual resultaría del hecho de que los más importantes industriales se encargasen de la administración de la riqueza pública, también se sentiría, necesariamente, mucho más afecta al rey.

De forma que el cambio que proponemos no es, en absoluto, hostil con la realeza, a la legitimidad e incluso al derecho divino. Por el contrario, tiende directamente a otorgar al rey más tranquilidad y, consecuentemente, a procurarle más felicidad.

Está en la naturaleza de las cosas que el rey tome el título de primer francés de la primera clase de los franceses; y así como el rey ha tenido que llamarse primer gentilhombre, primer soldado de su reino, mientras la nación ha sido principalmente militar, asimismo, cuando la nación se activa principalmente en la dirección de lo industrial, cuando, esencialmente por medio de trabajos pacíficos, se esfuerza en acrecentar su prosperidad, el único título que puede convenir al rey es el de primer industrial de su reino.

A cuanto acabamos de decir, añadiremos una observación muy importante: que la realeza, órgano de la opinión pública y cuya función social más honrosa consiste en proclamar el estado de opinión de la mayoría, todavía no ha podido proclamar que la clase industrial es la primera de la nación, ya que los industriales, hasta el presente, no han manifestado en absoluto el sentimiento de su superioridad, ya que no han manifestado en absoluto su opinión de que los más importantes de entre ellos son los franceses más capacitados para dirigir bien la administración de las finanzas. Si el rey, con respecto a esto, tomase la iniciativa, se vería expuesto a ver cómo todas las facciones que hoy en día se disputan la administración de las finanzas, para explotar la nación en provecho propio, se unían contra él, sin que él tuviese fuerza alguna que oponerles, medio alguno para resistirles.

Tras la explicación que acabamos de daros, esperamos haberos convencido por completo de que nuestro sistema no es, en absoluto, ofensivo con relación a la realeza, y que ni siquiera desaprueba la conducta observada por el rey hasta el presente.

La verdad es que el destino de los industriales, desde el establecimiento del sistema de crédito, ha estado constantemente en sus propias manos, y que hoy en día sigue estándolo, y que el día en que la clase de los industriales manifieste el deseo de que la dirección de la hacienda pública sea confiada a los más importantes de entre ellos, la realeza, como órgano de la opinión pública, se apresurará a proclamar que tal es el deseo de la mayoría, al cual debe someterse la minoría.

P.—— *He aquí nuestra segunda objeción. Antes de que el rey hubiese otorgado la carta a la nación, le era dado confiar la dirección de la hacienda pública a los industriales, bien que, preferentemente, la confiase a individuos captados en las otras clases de la sociedad; pero hoy en día, cuando la carta regula la forma en que debe ser votado el impuesto, sería preciso que el rey revocase las principales disposiciones de la carta para poder encargar a los industriales la tarea de preparar el presupuesto. ¿Qué contestáis a esto?*

R.—— El rey otorga a las cámaras el derecho de discutir la ley de finanzas y de votar el empréstito; pero se ha reservado la iniciativa de presentar la ley de las finanzas. Su Majestad puede hacer preparar el proyecto de presupuesto por quien quiera; en una palabra, el rey es muy dueño de confiar a los más importantes industriales la alta dirección de la riqueza pública, incluso ahora que ha otorgado la carta, puesto que, legalmente, es decir, sin contravenir ninguno de los artículos de dicha carta y por medio de una simple ordenanza, puede adoptar las siguientes medidas:

El rey puede crear una comisión suprema de finanzas e integrar dicha comisión con industriales más importantes. Puede superponer dicha comisión a su consejo de ministros. Puede reunir a dicha comisión anualmente y encargarle la tarea de examinar si los ministros han utilizado convenientemente los créditos que les fueron concedidos en el presupuesto anterior o si se excedieron sobre dichas cantidades.

Hecho esto, resultaría que Su Majestad ya habría investido a la clase industrial de la alta dirección de la fortuna pública; se encontraría con haber operado la gran reforma que los progresos de la civilización requieren en la organización social, pues el sistema feudal se vería completamente anulado, y el sistema industrial completamente establecido; porque los industriales estarían situados en primera línea, tanto por la consideración como por el poder, mientras que nobles, militares, legistas, rentistas y funcionarios no gozarían más que de una consideración secundaria, ni explotarían otros poderes que los subalternos.

P.— Es cierto que el rey puede encargar a los industriales la tarea de preparar el presupuesto; pero las consecuencias que extraéis de semejante medida no nos parecen una derivación necesaria.

Recordad que la cámara de diputados se compone, en su mayor parte, de nobles, militares, legistas, rentistas y funcionarios públicos; en una palabra, por hombres interesados en hacer pagar lo más posible a la industria, pues una gran parte de las cantidades pagadas por los industriales se la meten en el bolsillo a título de gajes, gratificaciones, indemnizaciones, etc.

Recordad que la cámara de los pares, en gran parte, está integrada por pensionistas y que, por consiguiente, los pares están interesados en el acrecentamiento de los ingresos, pues dicho incremento les ofrece una perspectiva de ver aumentados las pensiones que reciben, las cuales les parecen demasiado mezquinas.

Recordad, por último, que las cámaras se pronunciarían casi unánimemente en contra de un proyecto de presupuesto realizado por los industriales, ya que dicho proyecto tendería directamente a establecer en la administración de la riqueza pública el orden, el ahorro y el buen uso de los impuestos, que resultan estar pagados, en su mayor parte, por la clase industrial. Nos parece seguro que las bienhechoras y paternales

intenciones del rey para con la nación serían contra-
riadas e incluso anuladas por las cámaras. ¿Qué con-
testáis a esto? Decidnos si concebís un procedimiento
para conseguir que las cámaras acepten un proyecto
de presupuesto preparado por los industriales, pero
sin que sea preciso recurrir a ningún golpe de estado.

R.— Los nobles, militares, legistas y rentistas no se decidirán a luchar contra el rey unido a los industriales, que serían una fuerza cien y puede que mil veces mayor que las otras clases de la sociedad, y los miembros de la cámara no tienen ninguna otra fuerza positiva que no sea la resultante del apoyo que hallan en las diferentes clases que componen la sociedad.

El proyecto de presupuesto realizado por los más importantes industriales será admitido por las cámaras; y, sin que haya sido cometida ninguna infracción contra la carta otorgada por el rey a la nación, se habrá efectuado el cambio de la organización social. Podéis estar tranquilo sobre la forma en que los industriales encargados de preparar el proyecto de presupuesto tratarán a los funcionarios, nobles y burgueses de todas las clases. A los industriales les repugna cualquier cambio; está en sus costumbres el no operar reformas sino es paulatinamente, y una vez inicien la ejecución de la reforma que han concebido, trabajarán sin tregua hasta que lleguen a establecer la administración de la riqueza sobre el patrón más económico posible.

Resumiendo nuestras respuestas a las dos objeciones, manifestamos que nuestras ideas no son hostiles ni respecto a la carta, ni respecto a la realeza, ni respecto a la legitimidad, ni respecto al derecho divino.

P.— Nos proponemos limitar aquí nuestra primera entrevista. Varias razones nos impulsan a hacer esta propuesta. En primer lugar, observaremos que los fabricantes no tienen tiempo para leer, ya que están ocupados con sus asuntos; luego les diremos que todavía están poco acostumbrados a examinar ideas generales. Estas dos razones hacen que nuestros diálogos sean lo más cortos posible: sobre estos dos motivos se agrega un tercero, es que las dos objeciones que nos quedan por hacer son de una naturaleza diferente a las dos. en primer lugar. Hasta este momento hemos considerado a Francia en nuestra discusión como aislada, mientras que sus vecinos ejercen una gran influencia sobre ella. Tendremos que examinar, por ejemplo, sus relaciones con Inglaterra y con el pacto santo, lo que se convierte en una cuestión diferente a tratar. ¿Qué piensas de nuestras palabras?

R.— Nos parece muy bien motivado, y lo aceptamos. Por tanto estaremos aquí para nuestra primera entrevista; lo que también acordamos en esta otra relación, es que si este comienzo de trabajo no interesara a los industriales, sería inútil continuar con ello.

P.— *Las objeciones restantes son de distinta natu-*
raleza a las anteriores. Hasta ahora, en nuestra discu-
sión, hemos considerado a Francia aislada, mientras
resulta que sus vecinos ejercen gran influencia sobre
ella. Por ejemplo, deberíamos examinar sus relacio-
nes con Inglaterra y con la Santa Alianza, lo cual es
distinto de lo tratado hasta aquí. Y ahora la tercera
objeción, la cual tiene por objeto probaros que el sis-
tema político establecido en Inglaterra debe ser adop-
tado por la nación francesa con preferencia al que vos
proponéis. Ante todo, os preguntaremos si reconocéis,
si confesáis que la experiencia es la mejor guía que
pueden seguir las naciones al igual que los individuos.

R.— Sí, lo reconocemos sin ninguna duda.

P.— *Admitiendo tal principio, no será difícil haceros*
reconocer que vuestro sistema no vale nada, pues se
halla en oposición con lo que acabáis de aceptar. Vamos
a establecer nuestro razonamiento hacia ese respecto, y
vos, de seros posible, lo refutáis a continuación.

El pueblo inglés es el más rico y poderoso, el que
ejerce más influencia sobre la especie humana, y, no
obstante, está lejos de hallarse en primera línea en
razón de las dimensiones de la madre patria o en
razón de la importancia de su población. Es en In-
glaterra donde la clase más numerosa también es la

mejor alojada, alimentada y vestida; es en Inglaterra donde la gente rica se procura el mayor número de objetos confortables dentro de su territorio; por último, el pueblo inglés disfruta de casi todas las ventajas que son objeto de ambición en otras naciones.

¿A qué deben los ingleses las ventajas de las cuales disfrutan? Pues a la forma de su gobierno, a la superioridad de su organización sobre los sistemas políticos puestos en práctica por los otros países hasta nuestros días. Ahora, comparemos la disposición política que sirve de base a la constitución inglesa con el principio que vos habéis dado como fundamento de vuestro sistema; reconoceréis, al hacerlo, que existe una diferencia radical entre las dos combinaciones.

Vos decís: la administración de la fortuna pública debe ser dirigida por los más importantes industriales, porque la clase industrial es, entre todas, la más capacitada para la administración. Los ingleses dicen: los que dirigen la administración de la fortuna pública deben proponerse como finalidad principal favorecer lo más posible a la clase industrial, porque los trabajos industriales son la verdadera fuente de la prosperidad pública; pero los industriales no deben ser encargados de la administración de la fortuna pública, porque carecen de los conocimientos suficientes para dirigir dicha administración, y porque la dedicación que la administración exige les distraería de sus trabajos.

Y, en efecto, en Inglaterra son los pares laicos, obis-
pos y jueces, por la cámara alta, abogados, rentistas
y militares, por la cámara de los comunes, quienes
poseen voz preponderante en la administración de la
riqueza pública, porque los primeros integran la cá-
mara alta, y los segundos componen la gran mayoría
de la cámara de los comunes y del consejo privado.

De cuanto acabamos de decir, sacamos la con-
clusión de que vuestro sistema está en oposición con
la constitución inglesa; que, por consiguiente, se ha-
lla en oposición con la constitución señalada por la
experiencia como la mejor; y que, por consiguiente
también, la vuestra no vale nada. ¿Qué respondéis?

R.— Nuestra respuesta, lo mismo que vuestra pregunta, estará fundada sobre observaciones. Os diremos la serie de observaciones hechas sobre la marcha
y progresos de la civilización dentro de la sociedad actual y desde sus orígenes, lo cual os hemos presentado
en el primer cuaderno. Desde entonces, la experiencia
ha comprobado que mientras la clase industrial ha
ganado importancia, las otras clases la habían perdido, también de forma constante. De esta serie de
mil cuatrocientos años de experiencias, extraemos la
consecuencia de que la clase industrial debe acabar
por ocupar el primer rango, el cual debe llegar a ser
obtenido por los industriales como resultante final de
los progresos de la civilización, siendo este rango en

cuanto a consideración y poder. Resumiendo: siempre se ha visto llegar una época en la cual los industriales más importantes se hallarían encargados de dirigir la administración de la fortuna pública, etc.

Tras esta consecuencia, extraída de la experiencia, razonamos y decimos: como quiera que la revolución francesa tuvo lugar un siglo después que la revolución inglesa, los resultados deben ser más favorables para la clase industrial y, por consiguiente, mucho más desfavorables para los nobles y los burgueses de lo que lo fueron en la inglesa. También decimos: la revolución inglesa ha impuesto a nobles, legistas, militares, rentistas y funcionarios, la obligación de dirigir los negocios de la nación en interés de la industria; la revolución francesa acabará por anular la nobleza y someter a legistas, militares, rentistas y funcionarios a las órdenes de los industriales.

Ambas partes hemos razonado según la experiencia, y hemos obrado de acuerdo con el principio que habíais propuesto y que hemos aceptado; no obstante, entre nuestras opiniones existe esta primera diferencia: que la vuestra está fundada sobre una experiencia parcial de lo acontecido en Europa desde la revolución de Inglaterra, mientras que nosotros, a la nuestra, hemos dado por base la más amplia serie de observaciones que puedan ser deducidas la historia de pueblos modernos. Después, entre nuestras opiniones, hay esta segunda diferencia: que habéis considerado la revolución inglesa como si constituyese el último término de la serie de progresos e la civilización, bajo el aspecto político; mientras que nosotros a dicha revolución, así como la organización social a que ha dado lugar, la consideramos como el penúltimo término de la serie de mejoras de las cuales era susceptible el régimen social de los pueblos europeos.

Como consecuencia de las consideraciones que acabamos de presentaros, seguimos dando por válido nuestro sistema y consideramos vuestro razonamiento como vicioso. ¿Os queda algo por decir con relación a este tema? ¿Concebís algún otro medio de sostener la tercera objeción que nos habéis formulado?

P.— No sólo tenemos argumentos para sostener nuestra objeción, sino que también estamos seguros de salir victoriosos en esta discusión. No nos entreguemos a las palabras, ni demos primera importancia a las formas; ocupémonos en el examen a fondo de las cosas.

Pretendéis que los miembros de la sociedad más capacitados para dirigir la administración de la riqueza pública son los más importantes de entre los industriales. Pretendéis que si los industriales más importantes fuesen encargados de dirigir los intereses sociales, la sociedad disfrutaría de todas las ventajas a las que puede aspirar, que sería gobernada lo más barato posible y lo menos posible por los hombres más capacitados de administrar bien sus negocios y de la forma más apropiada para mantener la tranquilidad pública.

Pues bien, nosotros admitimos vuestra proposición, principio o sistema, que poco importa el nombre que gustéis dar a vuestra producción; y, además, os decimos: vuestro sistema está admitido en Inglaterra, los ingleses lo han puesto en práctica, de forma que debéis pensar que la nación francesa no puede hacer cosa mejor que adoptar humano, en política. Y eso prueba que la ciencia política la constitución inglesa, que los franceses deben trabajar para naturalizar en Francia dicha constitución; pocas palabras bastarán para probar la justicia de este aserto, es decir, para comprobar que el sistema industrial se halla establecido en Inglaterra.

En Inglaterra, la administración de la riqueza pública se halla dirigida por los lores, porque los lores dominan el poder real y también a la cámara de los comunes. Ahora bien, la totalidad de los lores tienen depositados intereses más o menos considerables en las empresas de fabricaci6n o de comercio; por consiguiente, los lores son industriales; y, por consiguiente a su vez, el sistema industrial se halla establecido en Inglaterra.

R.— El gobierno inglés en nada es un gobierno industrial; es el gobierno feudal modificado, hasta donde podía llegar a estarlo, en el sentido industrial. Se ha establecido en Inglaterra un régimen transitorio que prepara las vías, que procura los medios a la nación francesa y, además, a la sociedad europea, para pasar del sistema feudal al sistema industrial, del sistema gubernamental al administrativo.

Esta resulta ser la forma en que deben ser consideradas las cosas; cuando son vistas de otra forma, la inteligencia no se siente satisfecha y el sentido común se rebela. Desde hace varios años, en Francia se contempla la constitución inglesa como una obra maestra, se habla de ella como del más alto grado al cual pueda llegar el espíritu todavía está en la infancia; prueba que los publicistas están todavía sometidos a la rutina; prueba que su espíritu todavía no se ha elevado a consideraciones generales sobre la marcha de la civilización, y no prueba absolutamente nada más. En realidad, Inglaterra todavía no posee constitución; el orden de cosas que se ha establecido allí carece de solidez, de fijeza, y no es susceptible de ser adquirido. La organización social de los ingleses activa, al mismo tiempo, el principio feudal y el principio industrial; pues bien, como quiera que ambos principios son de naturaleza diferente, e incluso opuesta, resulta que si ambos dirigen, simultáneamente, la nación hacia fines muy alejados el uno del otro, resulta, necesariamente, que el pueblo inglés está constituido en estado de tirantez. El estado político de Inglaterra es un estado enfermo, de crisis, o dicho de otra forma: el régimen bajo el cual vive es un régimen transitorio; su constitución, caso de que os empeñéis en que el pueblo inglés tiene alguna, es una constitución bastarda.

P.— La enfermedad de la cual nos decís está afectado el pueblo inglés presenta un caso patológico enteramente nuevo, y se hace necesario que nos deis una explicación sobre ello. Esta enfermedad resulta bastante extraordinaria; ante todo, bajo el aspecto de su duración, porque ya hace más de un siglo y medio que se inició y todavía no ha concluido. Dicha enfermedad resulta todavía más extraordinaria desde este otro punto de vista, es decir, de cara a la prosperidad social del pueblo inglés, pues ésta se inició al mismo tiempo que su enfermedad política, habiendo ido en constante aumento las ventajas obtenidas sobre los otros pueblos a medida que la pretendida enfermedad progresaba.

Hablando con entera franqueza, señores catequizadores, vosotros mismos tenéis gran necesidad de ser catequizados. No debíais querer darnos lecciones de política, cuando sois vosotros quienes deberíais tomarlas; os proponéis educarnos a nosotros antes de haberos tomado la molestia de realizar vuestra propia educación. Pretendéis que Inglaterra no tiene constitución, que la organización social de dicho país es bastarda, que es un orden de cosas al cual los ingleses se han visto conducidos por la rutina y que no puede sostenerse más que en razón de las costumbres sucesivamente contraí-

das; un orden de cosas sobre el cual no pueden rendirse cuentas claras y satisfactorias; un orden de cosas que no tiene cabida en otra nación; un orden de cosas, para acabar, que no puede ser tenido como el prototipo para la reorganización de la sociedad europea.

Pues bien, nosotros respondemos con esto: ¿No habéis leído ni a Montesquieu, ni a Blackstone? ¿Ignoráis la obra de Delholme? ¿Habéis estudiado los hermosos debates habidos en diversas ocasiones dentro del parlamento inglés sobre el equilibrio de los poderes?

Leed "El espíritu de las leyes" y veréis cómo los hombres jamás inventaron más que estas tres formas de gobierno: despótico, aristocrático y democrático. Reconoceréis que dichas tres formas de gobierno eran las únicas inventables. Por último, en gran número de obras de publicistas ingleses y franceses, hallaréis que las citadas formas de gobierno han sido admirablemente combinadas en la constitución inglesa y que, de dicha combinación, resulta el mejor gobierno posible.

Ahora que hemos aplastado, anulado vuestro sistema, nos apresuramos a deciros que no habéis cometido más que un error: haber exagerado la importancia de vuestras ideas. Los materiales que habéis empleado en la construcción de vuestro sistema son buenos; tan sólo el empleo que dais a esos materiales, la concepción general que enlaza vuestras ideas, es lo que nosotros hemos pretendido criticar. Desde luego, todas las ca-

pacidades deben laborar en pro del desarrollo de la industria; desde luego, los gobiernos deben proteger la industria, pues los trabajos útiles son la fuente de todas las virtudes, al igual que la ociosidad es la madre de los vicios; desde luego, los legisladores deben hacer las leyes lo más favorables posible a la producción, porque las naciones más laboriosas son aquellas en las cuales la tranquilidad pública resulta más fácil de mantener; pero no deberíais haber llegado a la conclusión de que la capacidad industrial debe ser la que dirija todas las otras capacidades. En una palabra: los ingleses han hallado y fijado el verdadero término medio en el que es preciso detenerse; en vuestros trabajos, habéis perdido de vista un antiguo proverbio que aquí tiene perfecta cabida: lo mejor suele ser enemigo de lo bueno.

R.— No cantéis victoria antes de haberla conseguido, que todavía no hemos llegado al final de la discusión; desde este instante es cuando queda en compromiso, en serio compromiso. Os agradecemos infinitamente la indulgencia que habéis tenido la bondad de testimoniarnos, al final de la vivaz salida que acabáis de hacer en contra de nuestro sistema; mas no necesitamos aprovecharla, ya que nos sabemos en condiciones de rechazar todos los argumentos que habéis lanzado contra nosotros.

Ante todo, contestaremos a las bromas que nos gastáis sobre la enfermedad política que atacó a la nación inglesa, porque no podemos ver sino como bromas las consideraciones que nos habéis presentado sobre dicho tema. Por lo que a nosotros respecta, no tenemos intención de tratar en broma la más nueva e importante cuestión que en la actualidad puede ocupar la inteligencia humana, y así os diremos:

La idea de la enfermedad no ha desempeñado más que un papel bastante accesorio y muy secundario en el cuadro que hemos presentado de la situación política del pueblo inglés; la idea principal, aquella que precisamente debería haber llamado vuestra atención, es la del estado de crisis en el cual se halla la civilización en Inglaterra, desde la revolución habida en dicho país a finales del siglo XVII; y vamos a desarrollar esta idea, ya que su simple enunciado no ha bastado para hacérosla comprender:

La especie humana ha sido destinada a vivir en sociedad. Al principio, fue llamada a vivir bajo el régimen gubernamental. Del régimen gubernamental o militar, ha sido destinada al régimen administrativo o industrial, tras haber realizado los suficientes progresos en las ciencias positivas y en la industria.

Por último, debido a su organización, se ha visto sometida a soportar una crisis larga y violenta al producirse el tránsito del sistema militar al pacífico.

Hasta aquí, hemos presentado las consideraciones más generales a las cuales puede elevarse la inteligencia humana con relación a la marcha de la civilización. Ahora, dicha observación general sobre la marcha de la civilización la aplicaremos a las circunstancias en las cuales se hallan los ingleses. Pero, a fin de que dicha aplicación sea precisa y fácil de captar, es necesario que empecemos por comprobar el estado actual de la nación inglesa, bajo el aspecto de su política interior y bajo el de su política exterior.

Cuando se examina la política interior de Inglaterra desde un punto de vista lo bastante elevado como para abarcar de un sólo vistazo el conjunto, uno se siente impresionado, desde el primer instante, al advertir la existencia del fenómeno más extraordinario que en esto pueda concebirse: los ingleses han admitido dos principios fundamentales para que sirvan de base a su organización social; se reconoce que de ambos principios, siendo de distinta e incluso opuesta naturaleza, debía resultar y ha resultado, en efecto, que los ingleses se han sometido, al mismo tiempo, a dos organizaciones sociales bien dispares, que integran, en todos los sentidos, dobles instituciones; dicho de otra forma: han establecido, en todos los sentidos, las contra-instituciones de cuantas instituciones estaban en vigor, antes de la revolución, en Inglaterra, habiéndolas así conservado en su mayoría.

De esta forma es posible observar que en Inglaterra coexisten la leva forzosa de marineros con la ley del habeas corpus; se puede ver a un pastor conducir al mercado tanto a su mujer como a la oveja, ambas con la cuerda al cuello. Vende a su mujer por un chelín, sin que nadie le castigue por haberla envilecido, tratándola como a una bestia; sin embargo, le impondrán una multa de cinco libras esterlinas si se comporta brutalmente con respecto a la oveja. La rica e industrial ciudad de Manchester no tiene representante en el parlamento, mientras que un lord cualquiera, propietario de un terreno en el cual se hallaron enclavados burgos que han sido totalmente abandonados, nombra por sí sólo hasta nueve diputados, a los cuales utiliza para mantener sus intereses, para acrecentar lo más posible su importancia política y para hacerse retribuir por el ministerio a expensas de la nación.

Cien volúmenes in-folio y con los caracteres más apretados no bastarían para dar cumplida cuenta de las inconsecuencias orgánicas que tienen lugar en Inglaterra. Si del examen de la política interior de Inglaterra pasamos al de su política exterior, se hallan las consecuencias de la organización viciosa que acabamos de señalar; vemos que por una parte el gobierno inglés declara que le pertenece la soberanía de los mares y, en consecuencia, somete todos los pabellones a su inspección, mientras que, por otro lado y al mismo tiempo, labora en pro de la igualdad entre blancos y negros, prohibiendo la trata de negros.

Se ve al gobierno inglés sostener en Europa el régimen gubernamental, mientras que en América apoya el sistema de organización industrial en contra del sistema gubernamental. En una palabra, la nación inglesa se halla, desde hace mucho tiempo, en estado de crisis bajo el aspecto de política interior, al igual que bajo el aspecto de política exterior; y esta crisis, de la cual participan todos los pueblos que habitan el continente europeo, lo mismo que los del americano, es evidentemente la crisis a la cual ha sido destinada la especie humana, en razón de su organización, y que soporta durante el tránsito del régimen gubernamental al sistema social industrial.

He aquí las consideraciones más generales que podemos presentaros en apoyo de la opinión que combatís desde el principio de esta segunda conversación; y ahora, os conminamos a reconocer que estáis ciegos. Os conminamos, en nombre del sentido común, a reconocer la exactitud de los hechos que os hemos presentado más arriba; y vamos a reproducirlos para hacer más clara nuestra refutación:

1.º Inglaterra no tiene constitución, porque constitución es una combinación de la organización social, por medio de la cual todas las instituciones políticas de una nación derivan de un mismo principio y dirigen las fuerzas nacionales hacia un mismo fin, mientras que las instituciones inglesas son de dos naturalezas distintas, las cuales dirigen las fuerzas nacionales de este pueblo hacia dos fines opuestos.

2.º La organización social inglesa no debe ser presentada a la nación francesa como un modelo al cual debe esforzarse en semejar tanto como sea posible. Y en Francia, mientras gobernantes y gobernados no hayan adquirido ideas más claras sobre los medios que deben ser empleados para establecer un orden social fijo y estable, perdurará, necesariamente, un estado de cosas revolucionario.

3.º Por último, la crisis en que se hallan comprometidas Inglaterra y Francia a la vez, acabará con el completo abandono del sistema feudal y el establecimiento exclusivo del sistema industrial. Las naciones que hoy en día pasan por más civilizadas, no habrán salido de la barbarie hasta que llegue la época en la cual la clase más laboriosa y pacífica sea encargada de dirigir la fuerza pública, y en la cual la clase militar pase a ser completamente subalterna.

P.— No os esforcéis tanto en refutar nuestras objeciones, que tal no es el punto más importante de vuestra empresa; lo que tenéis que hacer es combatir al padre de la ciencia. Tenéis que probar lo erróneo del criterio de Montesquieu, que ese es el único medio que podéis utilizar para conseguir la adopción de vuestro sistema.

R.— Las ciencias realizan continuos progresos. Hoy en día, no hay un solo alumno de la escuela politécnica que no resuelva con facilidad aquellos problemas geométricos cuya solución costó los más grandes esfuerzos al genio de Arquímedes; y ni uno solo de dichos alumnos ignora cosas de la Geometría de las cuales aquel genio ni siquiera tuvo conocimiento.

Hace más de un siglo que fue publicado El Espíritu de las Leyes. Desde entonces ha tenido lugar el acontecimiento más memorable que nunca haya tenido lugar: la Revolución francesa. Por consiguiente, a nosotros nos es dado el argumentar sobre hechos completamente desconocidos para Montesquieu, que fue un gran admirador del régimen social establecido en Inglaterra; y tuvo mucha razón al serlo, porque aquel estado de cosas era irrefutablemente superior a cuanto había existido anteriormente; mas de esto no debemos sacar la conclusión de que si Montesquieu viviese hoy, no concebiría el medio de mejorar considerablemente dicho estado de cosas.

Los ingleses han admitido, han inventado, como se ha repetido en varias ocasiones, instituciones políticas de carácter industrial, y las han puesto frente —y en oposición— a las antiguas instituciones feudales que existían en su país; de ahí ha resultado que el gobierno feudal, en Inglaterra, se halla mucho más limitado que en las otras naciones europeas.

La Revolución francesa no tuvo lugar hasta pasado casi un siglo de la revolución inglesa. Necesariamente, la francesa debe dar por resultado un perfeccionamiento de la inglesa. Cuando se reflexiona sobre el perfeccionamiento del cual es susceptible la constitución inglesa, a primera vista se reconoce que la fuerza industrial, introducida en la organización social inglesa como limitadora de la fuerza feudal, en Francia debe transformarse en la fuerza dirigente.

P.— Nos habéis dicho que la nación inglesa se hallaba en estado de crisis y enfermedad desde la revolución habida allí, a finales del siglo XVIII. Y nosotros os hemos hecho ver que la enfermedad de la cual pretendíais estaba afecto el pueblo inglés poseía un carácter muy extraordinario, primero por su duración, pues tiene más de siglo y medio de existencia; y segundo, siendo por esto todavía más extraordinario, en razón de que la prosperidad del pueblo inglés se inició al mismo tiempo que su enfermedad, a la vez que dicha prosperidad no dejaba de progresar desde que cayó enferma.

Después de eso os acalorasteis, pretendiendo que la idea de la enfermedad no era más que accesoria, mientras que la idea principal era la de crisis. Os habéis empeñado en probar que la nación inglesa se halla en crisis, así como que dicha crisis era la que debía provocar el paso de esta nación, al igual que a la especie humana, desde el estado de pubertad al de

nación y de especie en disfrute de todas sus faculta-
des. Sin embargo, no habéis dicho ni una sóla palabra
sobre la enfermedad que vos pretendéis experimenta.

Os rogamos que deis categórica respuesta a estas
preguntas: ¿Opináis que el estado de crisis lleva con-
sigo el de enfermedad, o el estado de enfermedad es
distinto al de crisis? En una palabra: ¿cuál es la en-
fermedad que ataca a los ingleses?

R.— Las naciones y las especies, al igual que los individuos, experimentan una crisis cuando pasan de la pubertad a la madurez, al ser completo el disfrute de todas sus facultades; y dicha crisis resulta más o menos larga, más o menos violenta, más o menos penosa, según las circunstancias particulares en que se hallen las especies, las naciones o los individuos que la experimentan. Algunos individuos pasan dicha crisis sin caer enfermos, mientras otros palidecen.

Aplicando estas generalidades a la cuestión que nos ocupa, os decimos, a fin de responder categóricamente a vuestra pregunta, la cual no teníamos intenciones de eludir: "la especie humana ha entrado en su crisis de pubertad; fue en la nación inglesa donde dicha crisis empezó a manifestarse claramente; y dicha nación, con ocasión de esta crisis, se ve atacada por esa enfermedad nacional que en similares circunstancias de los individuos nos hace decir de ellos que están pálidos".

P.— Explicadnos en qué consiste esta enfermedad nacional.

R.— Su primer síntoma es la corrupción de los miembros del gobierno, confesada, declarada, proclamada por ellos, y consentida por los gobernados. Un segundo síntoma es aquel que se manifiesta cuando una nación se vanagloria de estar dominada por la pasión del dinero, cometiendo de esta forma el capital error de confundir el medio con el fin.

P.— Probadnos que estos dos síntomas se han manifestado en la nación inglesa.

R.— Uno de los más célebres ministros que Inglaterra ha producido proclamó, discutió y comprobó, en pleno parlamento, el hecho de que la corrupción era uno de los elementos más importantes que había intervenido en la combinación de la organización social británica. Vamos a referir la instructiva anécdota. Aconteció en un momento en que no había ningún partido de oposición en la cámara. El ministro tomó la palabra y dijo: "Si no os apresuráis a formar un partido de oposición, las arcas del rey se llenarán y la constitución se hallará en peligro, nuestras libertades se verán comprometidas".

Si a este pensamiento le damos un primer desarrollo, veremos lo siguiente: todo buen inglés, todo verdadero bretón, debe crearse una conciencia parlamentaria absolutamente distinta e incluso diametralmente opuesta a su conciencia ordinaria; aquel que es llamado a la cámara de los comunes debe oponerse a los proyectos presentados por los ministros, incluso en el caso de que esté convencido de lo buenos y útiles que tales proyectos son para la nación, y debe persistir en la oposición hasta que haya forzado al ministerio a pagarle mucho para conseguir que cambie de actitud. Y una vez que ha vendido su voz y su criterio al ministro, debe sostener cuantos proyectos presente, incluso cuando los considere malos, es decir, contrarios a los intereses de la nación. No obstante, existen ciertos límites para el servilismo que los miembros del parlamento deben al ministro, en compensación de los favores que de él han obtenido. Jamás deben consentir en dejar pasar ningún proyecto de ley que tienda a suprimir la obligación en que los ministerios se hallan de corromper a los miembros del parlamento para obtener así la mayoría en las cámaras.

Los lores, como los miembros de la cámara de los comunes, deben crearse una conciencia parlamentaria, que en su caso les llevará a vender su criterio al rey; pero es propio de la dignidad que un lord se haga pagar, ordinariamente, en poder más que en dinero.

Algo esencial que debemos observar es que el pensamiento ministerial que acabamos de desarrollar no disgustó, en absoluto, a los miembros del parlamento, que no extrañó a la nación, y por el contrario, hizo merecedor al ministro que lo había pronunciado de la reputación de político muy profundo, de la cual todavía disfruta en el momento actual.

Si desde las consideraciones sobre la conducta de los miembros que componen las cámaras alta y baja descendemos al examen de la conducta observada por los electores en el ejercicio de sus funciones electorales, no hallaremos menos corrupción en las elecciones que en las cámaras. No es cosa rara el que a un candidato o a sus amigos cueste cien, doscientos, trescientos, cuatrocientos y hasta quinientos mil francos el ganar su elección; en ocasiones, las elecciones de M. Fox han costado mucho más caras.

Si, por último, examinarnos la moral privada que está admitida en la nación inglesa, hallaremos su carácter fuertemente pronunciado en una expresión muy corriente en Inglaterra. Cuando un inglés dice que un hombre vale tanto, significa que posee la suma designada, y nunca otra cosa. En el juicio general que los ingleses se forman sobre los hombres, lo único que toman en consideración es la fortuna que posee; hacen total abstracción de cualesquiera otras capacidades o facultades que puedan poseer.

Creemos haber establecido de forma suficiente el hecho de que la nación inglesa está afectada por una enfermedad que corresponde a la palidez en los individuos; y pasamos al examen de otro hecho no menos importante. Veámoslo: la nación inglesa no tiene conciencia de su enfermedad; por el contrario, cree estar en el mejor estado de salud política posible. Con respecto a esto, lleva el error hasta el extremo de considerar los síntomas de enfermedad como pruebas de salud. Así nos es dado ver a los ingleses engreídos con los vicios de su organización social y presentarlos confiadamente como obras maestras de combinaciones políticas. La forma en que tanto el partido ministerial como el partido de la oposición manejan entre sí los intereses nacionales, la forma que tienen de aplicar sobre los gobernados un doble derecho de comisión, excita su admiración, mientras que tal cosa debería ser objeto de lástima y desprecio por parte de ellos.

P.— Comparación no es razón. Dejad a un lado vuestras ideas sobre las palideces nacionales, y razonemos sobre los importantes hechos que examinamos.

R.— Por el momento, vamos a daros la razón, sin que sea obstáculo para volver a tratar la cuestión, la cual ahora vamos a presentaros bajo otros aspectos:

1.º Que los ingleses no tienen ninguna constitución y que su organización social actual no tiene otro mérito que el haber regularizado la crisis política en la cual se hallan comprometidos.

2.º Que la organización social inglesa es un estado de cosas por medio del cual los roces entre los engranajes que componen el mecanismo político han sido multiplicados lo máximo posible, de donde resulta que los inconvenientes inherentes a las instituciones feudales, que siguen siendo fuerza directriz, han disminuido considerablemente.

3.º Que la admiración de los ingleses con relación a su organización social, la cual consideran como una obra maestra, es un error ridículo por su parte.

P.— Tras haberos dado la razón sobre cuanto queda dicho, os rogamos nos indiquéis aquello que de los errores políticos del pueblo inglés puede resultar para la nación francesa.

R.— Los errores políticos del pueblo inglés no supondrían ningún inconveniente para la nación francesa, si la nación francesa se tomase la molestia de examinar sus asuntos con sus propios ojos y los juzgase con la capacidad política que le es personal; si estudiase de forma conveniente sus precedentes, intentando descubrir los medios de que dispone para llegar al fin que desea alcanzar y siguiendo el camino seguido hasta el presente; si, resumiendo, se hubiese formado una opinión política que fuese verdaderamente suya, y si, por el contrario, no hubiese tomado a los ingleses por guías en la búsqueda de los medios que debe emplear para establecer en Francia una organización social proporcionada al estado de sus conocimientos y de su civilización.

Empecemos por fijar nuestras ideas sobre la marcha que los franceses deben seguir en política; después será fácil valorar la que han adoptado. Guizot, de manera clara, precisa e irrefutable, ha establecido los siguientes hechos en sus Ensayos sobre la Historia de Francia e Inglaterra. Ha probado:

1.º Que las instituciones primitivas de las naciones francesa e inglesa habían sido distintas.

2.º Que estas instituciones no se habían modificado de la misma forma en los dos países y que los progresos de la civilización habían tenido caracteres bien diferenciados en ambos pueblos.

3.º Que la realeza siempre había adquirido importancia en Francia, y en Inglaterra eran los pares quienes se habían transformado en los más importantes.

De los hechos citados, Guizot sacó la conclusión de que los franceses no debían utilizar los mismos medios ni proceder de la misma forma en el perfeccionamiento de su organización social. Desarrollando la conclusión de este excelente publicista, decimos: lo que en Francia debe ser perfeccionado es la institución de la realeza. En Inglaterra, es la dignidad de los pares. En Francia, la realeza debe revestirse del carácter industrial y abandonar completamente el carácter feudal; mientras que en Inglaterra, antes que cualquier otra institución, es la dignidad de los pares la que debe despojarse del carácter feudal, para adoptar la marcha industrial.

Considerando desde este punto de vista, el único bueno, la marcha que siguen los franceses desde la restauración, época que dio fin a sus extravagancias revolucionarias, vemos que ha sido y es falsa; ha sido completamente errónea, y tanto por parte de los gobernantes como de los gobernados; puesto que unos y otros se han dedicado a extasiarse de admiración ante la organización social inglesa; puesto que unos y otros dejan dominar sus inteligencias por los principios de política adoptados en Inglaterra.

P.— Cuando acabáis de decirnos exige varias aclaraciones. Ante todo, os rogamos que nos probéis que la nación francesa se deja dominar, como pretendéis, por las ideas inglesas con relación a su política.

R.— Muy fácil nos resultará suministraros dicha prueba, pues el siguiente hecho es del dominio público y se reitera todos los días: que los partidos políticos franceses luchan entre sí a golpe de constitución inglesa; lo mismo izquierda que derecha, centro-derecha que centro-izquierda, apoyan sus opiniones en ejemplos tomados de lo que sucede en Inglaterra; el gran argumento ministerial para sostener la proposición que piensa realizar durante el septenio, es manifestar que tal medida ha sido adoptada por los ingleses.

Una reflexión que surge es que el encaprichamiento de los franceses por la organización social inglesa debe ser muy grande, pues no se han dado cuenta de la facilidad de todos los partidos en citar ejemplos de la política inglesa desde su revolución, para ganar así el favor público; esta es la mejor prueba de que la organización social inglesa no es más que una aglomeración de principios y medidas incoherentes; así como de que resulta humillante para la nación francesa el considerarla como modelo a imitar.

P.— Volvamos a la cuestión precedente: es importan. te, nueva y muy satisfactoria para el amor propio nacional, razón por la cual merece, bajo todos los aspectos, que se profundice en ella, que se la examine con el mayor cuidado. Es preciso que las ideas nuevas se presenten repetidas veces y bajo distintas formas, para conseguir su adopción. Tened la bondad de reproducirnos vuestra opinión, cambiando únicamente la manera de exponer vuestras ideas.

R.— Vamos a satisfaceros: todos los pueblos de la tierra tienden hacia el mismo fin; este fin hacia el cual tienden es el de pasar desde el régimen gubernamental, feudal y militar, al régimen administrativo, industrial y pacífico: a desembarazarse de las instituciones cuya utilidad no es más que indirecta, para establecer las que sirvan directamente al bien común, las cuales siempre redundarán en provecho de la mayoría contra los intereses particulares. Cada pueblo ha adoptado una marcha de carácter personal; cada pueblo se ha abierto un camino particular para alcanzar dicha meta. Los pueblos europeos se han acercado más que ningún otro de la tierra a dicho fin, y las menos alejadas son, hoy en día, las naciones francesa e inglesa: para aproximarse a este fin, los franceses han perfeccionado el sistema monárquico, mientras que los ingleses han creado el sistema parlamentario; el pueblo francés es realista, mientras que el pueblo inglés, parlamentario, siempre demuestra desconfianza respecto a la realeza. Esta diferencia proviene de que los reyes de Francia se han aliado a los industriales en contra de los nobles, mientras que en Inglaterra son los nobles quienes se han aliado con los industriales contra de realeza.

P.—Dadnos una idea clara de cómo se efectuará la gran transformación política que hará pasar a la especie humana del sistema gubernamental al industrial. Decidnos cuál será la primera y la segunda de las naciones donde dicha transformación empezará.

R.—La primera nación en la cual se iniciará esta transformación será aquella en la cual se opere un movimiento cuyo resultado sea que la institución más importante, la que ejerza mayor influencia sobre la administración pública, adopte el carácter industrial y se despoje del carácter gubernamental.

P.— ¿Cuál es, de entre todas las naciones europeas, de entre todas las del globo, aquella en la cual puede operarse dicho cambio con mayor facilidad?

R.— La nación francesa.

P.— ¿Qué da a la nación francesa esta ventaja?

R.— Que la nobleza, la única institución entre el rey de Francia y los industriales, ya no posee fuerza real, pues ya no es preponderante en razón de sus propiedades, y porque la opinión popular ya no le es favorable. De forma que no existe ya obstáculo para la unión de la realeza con la clase industrial, y porque dicha unión se efectuará necesariamente, pues tanto interesa al rey como a los industriales.

P.— Pero, de la unión del rey de Francia con los industriales, ¿resultará que la realeza adopte el carácter de los industriales, al tiempo que se despoja del carácter gubernamental?

R.— Desde luego, porque es consecuencia directa de la unión del rey de Francia con los industriales, el que Su Majestad integre su consejo supremo principalmente de industriales; que el presupuesto sea concebido principalmente por industriales, etc.

P.— Tras la nación francesa, ¿cuál será la primera que pase del régimen gubernamental al industrial?

R.— La nación inglesa.

P.— Decidnos por qué será, tras la nación francesa, cuando la inglesa decida efectuar la transformación

para pasar del régimen gubernamental al industrial. Y
no perdáis de vista lo mucho que deberéis argumentar
la respuesta, porque vuestra manera de ver las cosas con
relación a esto se halla en oposición con la opinión pú-
blica de Francia, Inglaterra y del mundo, que considera
a la nación francesa atrasada con relación a Inglaterra.

R.— Los lores han llegado a dominar la realeza, no dejando al rey más que el decoro de ésta; pero es en la realidad donde ellos explotan el poder real en provecho propio, es decir, del feudalismo. Así, aseguramos que la institución política más preponderante en Inglaterra es la dignidad de los pares. Resulta mucho más difícil transformar en industrial el carácter feudal de los lores, que operar la transformación con la realeza. De donde resulta que el gobierno francés debe adquirir el carácter industrial antes que el inglés.

El rey de Francia, al transformarse en industrial, no perderá personalmente ninguno de sus disfrutes individuales, porque la reforma deberá realizarla sobre sus cortesanos y sus funcionarios. En Inglaterra, al ser la dignidad de los pares la institución más importante, la reforma recaería sobre aquellos en cuyas manos se halla el poder, y que tienen un gran interés en oponerse a dicha transformación.

Los lores se hacen con una suma enorme, en pensiones, gratificaciones, etc., del presupuesto de la nación, es decir, sobre la riqueza nacional, la clase productora o industrial. Si a esta mengua que los lores hacen a los industriales añadimos la mengua en poder e importancia social, se reconocerá que los industriales ingleses, de forma positiva, experimentan los inconvenientes del régimen gubernamental o feudal.

De cuanto acabamos de decir, sacamos la conclusión de que el régimen industrial debe establecerse en Francia antes de que sea adoptado en Inglaterra, porque los industriales franceses se ven más estimulados a establecerlo, al tiempo que los miembros del feudalismo poseen menos medios de resistencia en Francia que en Inglaterra. Nuestra opinión a este respecto se hará más clara cuando comparemos los medios que en Francia e Inglaterra deben ser utilizados para el establecimiento del régimen industrial.

P.— *¿Cuándo se iniciará la realización del cambio que debe hacer pasar la nación francesa del régimen gubernamental al industrial?*

R.— No es posible designar la época de una manera precisa, pero no puede estar lejana ahora, cuando se ha hallado el medio de establecer, en Francia, un estado político sosegado y estable; porque las personas honradas están hartas de la revolución; desean ardientemente salir de los escollos entre los cuales ha navegado la nave desde hace más de treinta años, y están dispuestos a realizar sacrificios para establecer un estado de cosas sosegado, un estado de cosas que suprima a los intrigantes y los fuerce a convertirse en hombres laboriosos y pacíficos.

P.— *Tened en cuenta que aún así será necesario mucho tiempo para hacerlo conocido, y mucho más para que sea apreciado y para que los interesados lleguen a un punto de convicción suficiente para que se decidan a ponerlo en práctica.*

R.— Este medio es tan fácil de exponer que no existe uno sólo que no se halle en estado de explicarlo a sus camaradas, y el puro y simple sentido común basta para juzgarlo por completo. Por ello, persistimos en el criterio expuesto más arriba: la época en la cual se iniciará el cambio que debe provocar el paso de la nación francesa desde el régimen gubernamental al industrial no puede estar lejos.

P.— *Decidnos ahora cómo dicho cambio empezará a efectuarse; decidnos qué lo provocará, así como quién lo revestirá de una forma legal.*

R.— Será la clase industrial la que lo provoque y el rey quien lo revista de forma legal, es más: será el rey quien lo efectuará por medio de una ordenanza.

P.— *¿Qué lenguaje emplearán los industriales? ¿Cómo presentarán los industriales sus ideas a S.M.?*

R.— Los industriales deben depositar a los pies del trono una petición, en la cual se expresarán, aproximadamente, de la forma siguiente: "Sire: desde Hugo Capeto hasta el reinado de Luis XIV comprendido, ha existido una coalición muy activa contra la nobleza entre vuestros antepasados, los reyes, y nuestros precursores, los industriales. Los esfuerzos han estado bien combinados, las fuerzas han sido bien utilizadas y la meta fue alcanzada bajo el reinado de Luis XIV. Desde esta época, la nobleza ha carecido de existencia propia; la importancia que los nobles han conservado desde tal época ha estado fundada en las faltas políticas cometidas por parte de la realeza, confiándoles empleos públicos de los más importantes y lucrativos; o por parte de los industriales, quienes les han dado riquezas, sacrificándoles, en razón de una vanidad mal entendida, sus hijas y el producto de sus trabajos."

"Sire: desde finales del reinado de Luis XIV hasta hoy, grandes errores han sido cometidos por realeza e industriales. Los primeros errores, durante el citado lapso, han sido de los reyes; luego han sido los industriales quienes han tenido mayores inconvenientes por sus propios errores. Desde finales del reinado de Luis XIV hasta la muerte de Luis XV, fue la realeza quien cometió los mayores errores; desde el advenimiento al trono del virtuoso Luis XVI, son los industriales quienes más tienen de qué reprocharse. ¿Qué debería haber hecho la realeza tras la muerte de Luis XIV? La realeza habría debido organizar el régimen industrial. El rey debería haber hecho suyo el título de primer industrial del reino; debería haber confiado a los industriales más importantes la alta dirección de la fortuna pública, reuniéndolos cada año unos cuantos días para preparar el presupuesto." ¿Y qué hizo la realeza desde la muerte de Luis XIV hasta la llegada al trono de Luis XVI? Primero el regente, y Luis XV después, consideraron la realeza como una sinecura; creyeron que no tenían otra cosa en esta vida que gozarla; se han formado harenes y, como consecuencia de un vértigo inconcebible y de una ceguera total sobre los verdaderos intereses de la realeza, realizaron muchísimos dispendios sin finalidad útil, y se divirtieron cuanto les fue posible con los nobles vencidos a expensas de los industriales."

"Sire: Es a los reyes a quienes resulta más útil conocer la verdad. Esperamos que S.M. sabrá excusar la franqueza con la cual acabamos de referirnos a la conducta de la realeza, la observada desde la muerte de Luis XIV hasta el ascenso al trono de Luis XVI. Por otra parte, S.M. verá que no somos menos severos con nuestros precursores y con nosotros mismos, que con los augustos jefes de la nación. Aquí inicia el capítulo de nuestras confesiones; es del presente de lo que vamos a hablar. Todos los acontecimientos que vamos a recapitular han tenido lugar ante los ojos de Vuestra Majestad, habiéndoos afligido profundamente. En cuanto sube al trono vuestro hermano, se apresura a proclamar que su intención es reparar las faltas de la realeza bajo el reinado de Luis XV, así como que desea gobernar la nación de acuerdo con el interés de sus súbditos. Este príncipe se muestra severo en sus costumbres, al igual que ahorrativo en sus dispendios; en alta voz convoca los consejos y llama a sí la gente honrada, para que secunde sus intenciones. La clase industrial en bloque debería haber respondido con empeño a este generoso llamamiento; pero en lugar de cumplir con tal deber y de obrar en tan importante ocasión de acuerdo con sus intereses, apoyando con todas sus fuerzas los proyectos del rey, permanece como fría espectadora de la lucha entre el monarca y los cortesanos y privilegiados: el rey combatiendo por la nación y la corte defendiendo los abusos. Luis XVI sostiene con bravura la lucha, durante doce años; llama al ministerio al filantrópico Turgot y al banquero Necker; solicita y obtiene la amistad y todo el afecto de Malesherbes, quien le ayuda con sus consejos; y, por último, no estando apoyado por la clase industrial, es decir, por la nación, se ve obligado a declarar que existe un déficit de cincuenta y seis millones, que no sabe cómo compensar. Reúne a los notables, convoca un pleno y, tras estas dos tentativas, convoca los estados generales. La clase industrial debería haberse presentado en tan importante circunstancia; debería haber empezado por compensar el déficit y, después, debería de haberle dicho al rey: para que no se forme de nuevo el déficit, no existe más que un sólo medio, que es cambiar la clasificación de vuestros súbditos. Aquellos que derraman más dinero en el tesoro y que retiran menos deben ser llamados al primer rango; es a ellos a quienes Vuestra Majestad debe confiar la alta dirección de la administración de la fortuna pública."

"Sire: sin duda, vuestro virtuoso hermano habría acogido calurosamente esta leal proposición: en tal caso, la revolución no habría tenido lugar; en tal caso, se habría operado un gran bien que habría costado muy poco esfuerzo y que no habría ocasionado ningún mal; mientras que la revolución ha hecho adquirir, a cambio de grandes males, el bien que ha producido. En lugar de hacer lo que debía, lo que acabamos de decir, la clase industrial, considerando la realeza como parte del cuerpo de la nobleza, se alegró al ver el embarazo en la cual se halló el rey y, olvidando que el tesoro real es al mismo tiempo el tesoro nacional, le negó cualquier crédito. Se reúnen los estados generales y se integran en asamblea constituyente. La Asamblea constituyente demolió, pieza por pieza, todas las partes del poder real; y tras haber puesto al generoso Luis XVI en la imposibilidad de defenderse personalmente, así como preservar a la nación de la acción de los intrigantes, la Asamblea se retira, dando a sus trabajos el pomposo título de constitución y forzando al rey a jurar que mantendrá esa pretendida constitución. La Asamblea legislativa sucede a la constituyente; esta asamblea, cuya gran mayoría está integrada por legistas, literatos, doctores al uso de todas las clases, con la mente exaltada por griegos y romanos, no sueña más que en república. La Convención sucede a la Asamblea legislativa, y completa los errores cometidos por la Asamblea constituyente y por la Asamblea legislativa; al mismo tiempo que anula al infortunado, al generoso filántropo Luis XVI, anula la realeza, que era la institución fundamental de la organización social francesa; remplaza el régimen monárquico por el régimen republicano; establece la república más democrática que jamás haya existido; una república tan democrática, que son los hombres de la clase más pobre e ignorante quienes ejercen la mayor influencia: en una palabra, la Convención constituye legalmente la más completa anarquía.

La clase industrial habría debido explicar a la Asamblea constituyente, imponer silencio a los doctores al uso de la Asamblea legislativa y colocar a la mitad de los miembros de la Convención en Bicerta y la otra mitad en Charenton. La clase industrial habría debido devolver al buen Luis XVI toda su autoridad, aumentarla incluso, desembarazándola de la influencia ejercida sobre ella por los cortesanos y los privilegiados, y decidiéndola a que encargase la tarea de preparar el presupuesto a aquellos que más derraman en el tesoro público, siendo también los que menos sacan. La clase industrial no ha seguido esta conducta y le costó verse severamente castigada, porque la ley del máximo ha arruinado a los empresarios de trabajos industriales. Bonaparte, a continuación, restaura el trono y se sienta en él y se pone una corona en la cabeza y en la mano el cetro. Los industriales deberían haberse opuesto a la usurpación de la realeza francesa, porque un usurpador no puede ser el fundador de una monarquía industrial: necesita de la fuerza para mantenerse y no puede establecer otro régimen que el militar; los industriales no lo hicieron y caramente pagaron su falta: la quema de las mercancías inglesas destruyó una gran parte de sus capitales.

Cuando Vuestra Majestad regresó a Francia y se elevó al trono, los industriales deberían haberse ofrecido ellos mismos a satisfacer todos los compromisos contraídos con el extranjero; además, deberían haber puesto a vuestra disposición una suma considerable para daros los medios de compensar y resarcir a los fieles que os han seguido. Vos, a buen seguro, no habríais tomado a mal que, al mismo tiempo, os rogasen la supresión de los títulos feudales, convertidos en algo ridículo e inútil desde que la clase industrial ha probado que posee toda la energía necesaria para impedir a los extranjeros la invasión del territorio. Vos, a buen seguro, habríais consentido en dejar que fuesen los franceses que más contribuyen al tesoro y quienes menos lo merman los que preparasen el presupuesto; porque esos, que no son otros que los empresarios de los trabajos industriales más importantes, son, de entre vuestros súbditos, los que tienen más capacidad administrativa. Si las cosas hubiesen acontecido así, la monarquía industrial se habría visto constituida en el mismo momento de vuestro regreso a Francia.

Como quiera que la clase industrial no se presentó por propio impulso ante V.M. cuando regresasteis a Francia y como quiera que no os ofrecieron abiertamente el apoyo de que disfrutó la antigua realeza cuando lo necesitó para su establecimiento, vos, Sire, habéis tenido que buscar en los gobernantes lo que no hallabais en la clase que integra el verdadero cuerpo de la nación; habéis tenido que reconocer las dos noblezas; habéis tenido que multiplicar los empleos en la administración de la riqueza pública; habéis tenido, en una palabra, que aumentar considerablemente las cargas que soportábamos antes de la revolución; justo castigo al error político que hemos cometido al no mostrarnos abiertamente realistas, borbonistas, tal como deberíamos haberlo hecho. Todavía nos queda una confesión que hacer. Y esta confesión pondrá fin a la confesión general. En 1817, V.M. se dio cuenta de que la antigua nobleza intentaba reconquistar la importancia que antaño gozaba en Francia; que laboraba para establecer su dominio sobre la realeza y para remplazar al régimen monárquico por un sistema aristocrático. Hicisteis un llamamiento a la clase industrial, declarando, por medio de un decreto, que las cédulas reales serían consideradas como impuesto directo. Resulta evidente que en dicha circunstancia, no deberíamos haber enviado a la diputación más que sinceros realistas, realistas borbónicos; que deberíamos haber escogido los diputados entre nuestras filas, es decir, entre aquellos que contribuyen con mucho dinero al tesoro público, sin retirar de él nada. Desgraciadamente, muchos de entre nosotros dieron sus votos a hombres que no habían hecho justicia al bienintencionado Luis XVI; otros llamaron a la diputación a celosos partidarios del hijo de Bonaparte, y casi todos apoyaron las pretensiones de candidatos que si bien eran buenos oradores, se preocupaban muy poco de contribuir con dinero al tesoro público, y cuya única ambición consiste en menguarlo lo más posible con pensiones, gajes, gratificaciones, etc. Este último error nos ha hecho perder la poca consideración política que habíamos adquirido, y ha sido causa del rápido acrecentamiento de los gastos públicos (que hoy en día ascienden a mil millones por año), obligando a Vuestra Majestad a aumentar la fuerza del ministerio, a incrementar el número e importancia de los funcionarios públicos, ya que únicamente en los gobernantes hallan los Borbones un verdadero apoyo. Sí, lo hemos reconocido y lo confesamos en este momento: debemos aplicarnos muchos de los reproches que hasta el presente hemos dirigido a la realeza, a los Borbones, y, particularmente, a la corte. No obstante, una cualidad que es inherente a nuestra naturaleza, que cotidianamente adquiere nuevo desarrollo y que nos garantiza todavía el poder reparar cuantos errores hemos cometido; dicha cualidad consiste en que somos esencialmente laboriosos y que, por consiguiente, poseemos una superioridad real y positiva sobre los nobles y los cortesanos, fuere cual fuere su origen. Existe, en una palabra, esta diferencia entre nuestra existencia política y la de los Borbones: que estamos seguros de alcanzar el primer rango social y que los Borbones tienen el urgente interés de consolidar rápidamente su trono, fundando la monarquía industrial."

"Sire: desde hace cien años, en Francia, han tenido lugar errores políticos, de un lado cometidos por la realeza, y del otro por los industriales; pero dichos errores, por grandes que hayan podido ser algunos de ellos, no han podido anular los precedentes de la nación francesa, ni cambiar sus destinos políticos. Desde hace mil cuatrocientos años, la nación francesa vive bajo el régimen monárquico; desde que vuestra augusta dinastía ascendió al trono hasta la muerte de Luis XIV, Borbones e industriales han estado ligados, primero contra los grandes vasallos, después contra los pequeños vasallos y, por último, contra los privilegiados de todas clases. La nación francesa está llamada a vivir bajo el régimen monárquico industrial. La realeza no dejará de sentir malestar y la clase industrial, es decir, la nación, no dejará de estar descontenta del gobierno, hasta que la monarquía industrial no quede constituida. Nada puede oponerse al establecimiento de la monarquía industrial, en Francia, si de un lado los industriales franceses y de otro la casa de Borbón quieren constituir esta forma de gobierno. ¿Cuáles son las clases que podrían oponerse al establecimiento de la monarquía industrial en Francia? La nobleza antigua es, incontestablemente, la que dispondría de más medios para obstaculizar la gran operación política, en razón de que el apoyo de todas las noblezas europeas todavía le conceden una gran fuerza.

Pero, por una parte, dicha fuerza es muy inferior a la de los Borbones e industriales coaligados para alcanzar una meta de utilidad común; y por otra, los antiguos nobles han conservado la generosidad entre sus sentimientos y consentirán, con mucha más facilidad que la imaginada generalmente, el establecimiento de un orden de cosas que aseguraría la tranquilidad interior y la prosperidad de la nación francesa. Los antiguos nobles se han peleado con cualquier innovación política. Laboran, con todas sus fuerzas, en el restablecimiento del antiguo régimen, porque se indignaron ante las atrocidades cometidas durante la revolución; porque cuantos hasta hoy han dirigido el movimiento nacional de renovación han sido unos intrigantes, o unos locos; porque ninguno de ellos ha merecido una estimación, porque ninguno de ellos ha presentado ideas claras sobre la forma de gobierno que convenía al estado actual de la civilización, porque ninguno de ellos les ha demostrado que la supresión de la nobleza significaría una gran ventaja para la nación. Pero lo que más les ha irritado, y con toda razón, ha sido la creación de una nueva nobleza.

En cuanto a la nueva nobleza, no es amada por la nación; no tiene partidarios ni fuera ni dentro; es una institución que nació muerta, cuya existencia empezó ayer y concluirá mañana; carece de medios para oponerse al establecimiento de la monarquía industrial. Los burgueses, legistas que no son nobles, los militares que son plebeyos, los propietarios que no son industriales, poseen mucha más fuerza que la nueva nobleza; pero carecen de fuerza real, como no sea que la adquieran combinándose con los antiguos nobles, de los cuales son emanación: no tienen carácter político propio, en realidad no son más que una nobleza de reducido patrón; su existencia, como corporación política, no puede prolongarse más allá de la correspondiente a la verdadera nobleza. El ejército, hoy en día, se compone de soldados que no demuestran preferencia por el estado militar, de soldados que, por sus costumbres, son esencialmente industriales; por lo que no serán ellos quienes se opongan al establecimiento de la monarquía industrial. Así pues, en el ejército, sólo los oficiales pueden desear que la profesión militar siga siendo más considerada y aventajada en la organización social que la profesión industrial."

"Sire: la monarquía tuvo que ser esencialmente militar hasta la muerte de Luis XIV; es decir, la primera clase del Estado tuvo que integrarse con hombres militares, porque, hasta dicha época, el fin de la nación consistía, esencialmente, en conquistar. Desde Luis XIV hasta el presente, la monarquía francesa no ha podido ser más que un gobierno bastardo; la clase militar había perdido su preponderancia; la clase industrial todavía no había podido establecer la suya. Sin embargo, este período no se ha perdido para los progresos de la civilización. Es durante este siglo, cuyos acontecimientos no es posible analizar como es debido, en razón de que están muy enredados, cuando se opera la transición de la monarquía militar a la monarquía industrial. En el estado presente de la civilización, la monarquía industrial es la única que puede convenir a la nación francesa, la única que puede adquirir solidez en Francia, porque el fin de la nación es prosperar por medio de los trabajos pacíficos, de donde resulta que la primera clase del Estado debe ser eminentemente industrial, al tiempo que para esta primera clase las ocupaciones militares no deben ser más que cosa secundaria y accidental, que no deben tener lugar excepto en caso de invasión del territorio, y únicamente hasta la expulsión del extranjero."

"Sire: el nombre de monarquía constitucional, dado a vuestro gobierno basta para dar a conocer la situación política actual de Francia; este epíteto de constitucional, horriblemente metafísico, designa un estado de organización social bastardo, un estado social en el cual los hacedores de frases y los escritorzuelos integran la clase dominante, y, en efecto, la pobre nación francesa y su pobre realeza han sido devoradas por ellos durante todo el siglo XVIII; y, desde hace cerca de cuarenta arios, la leguleyería, quintaesencia de la parlanchinería y de la escritorzuelería, domina a la realeza y a la nación. Ya es hora, Sire, de concluir la gran transición política que ocupa a la nación y a la realeza francesas desde hace más de un siglo; ya es hora de proclamar el régimen industrial, la monarquía industrial. Todos nosotros, entregados a la profesión industrial, nosotros, que en Francia somos más de veinticinco millones de hombres, nos juramentamos para defender, a vida o muerte, la institución de la realeza en Francia y la dinastía de los Borbones, contra cualquier intento que pudiera ser maquinado contra dicha institución o contra dicha dinastía. Y nosotros suplicamos a Vuestra Majestad que se digne formar una comisión de los más importantes industriales para encargarles la tarea de preparar el presupuesto."

Esta petición debe ser firmada por todos los franceses cuya importancia depende de los éxitos que obtienen en los trabajos industriales que les ocupan.

P.— Si este proyecto no ha sido concebido por vos más que como un supuesto, lo aprobamos infinitamente, porque os ha proporcionado el medio de exponer vuestras ideas con mucha claridad, firmeza y rapidez; pero si lo presentáis a los industriales como un proyecto serio, al cual queréis comprometerles para ejecutarlo, os equivocáis en vuestra aspiración, porque les espantará y no querrán hacerse partidarios de vuestro sistema.

R.— No nos ocultamos que los industriales, hasta el presente, han sido excesivamente prudentes en lo político y no han demostrado la más mínima audacia en ese aspecto; eso es, precisamente, lo que ha provocado el que hoy en día no exista todavía un partido político industrial; eso ha sido lo que ha hecho que los industriales, siempre en su papel de espectadores de las luchas políticas, hayan sido siempre las víctimas; han sido víctimas de los jacobinos, luego víctimas de Bonaparte; y, desde la restauración, son la presa que se disputan entre sí los ultra, los liberales y los ministeriales. En todos los sentidos, aquellos que son prudentes, que carecen de audacia, son nulos, porque la prudencia carece de valor, excepto en los casos en los cuales se combina con la audacia.

P.— La educación política de los industriales está aún por hacer, y vos les dais consejos que no podrán convenirles hasta que su educación esté realizada.

R.— Hemos reconocido que la educación políti-ca de los industriales estaba por hacer; precisamente porque hemos sentido profundamente dicha verdad, hemos emprendido la publicación de un catecismo de los industriales. Así que, sobre este punto, esta-mos perfectamente de acuerdo; pero parece que no vemos las cosas de la misma forma con relación a la conducta que debe ser observada en la educación política de la clase industrial. Dar a los discípulos el sentimiento de su propio valor, inspirarles confianza en sus medios, nos parece la primera cosa de la cual es preciso ocuparse, cuando no se trata de niños a los que educamos, sino personas hechas y derechas a quienes se ofrecen consejos. Ejercitar a los discípu-los en la práctica y no hablarles de teorías más que con ocasión de la práctica que ejercen, es el segundo principio que nos ha parecido esencial seguir.

Por último, y para no prolongar más esta discusión episódica, os diremos que nuestra intención consiste en constituir, lo antes posible, el partido industrial, y que el medio más seguro para ello es conseguir que los industriales manifiesten directamente sus deseos al rey, y sin emplear ningún intermediario. Volvamos a la discusión iniciada, que tiene por objeto determinar cuál de las dos naciones, la francesa o la inglesa, es la que está más cercana a la nieta hacia la cual tiende toda la especie humana: pasar del régimen gubernamental al régimen industrial; que tiene por objeto poner en evidencia los diferentes medios que dichas naciones deben emplear para alcanzar dicha meta. Ese era, precisamente, el punto en que nos hallábamos dentro de la discusión: prosigamos con el examen, sin cambiar la orientación que le habíamos dado. En cuanto al proyecto, sois libres de considerarlo como ficción o realidad, que puede ser puesto en práctica dentro de diez años, o mañana mismo, pero en esta discusión sigamos teniéndolo por un proyecto serio.

P.— *Es cierto que si dicha petición fuese firmado por todas las personas entregadas a la profesión industrial en Francia, produciría gran efecto; incluso sería favorablemente acogido por S.M. Pero la dificultad en este asunto no estaba en redactar el placer, sino que reside en hacerlo firmar por todos los interesados, pues si sólo fuese firmado por pocas personas, no tendría más que un valor filosófico y produciría poco efecto.*

R.— Colocáis la carreta antes que los bueyes. La gran dificultad de este asunto residía en concebir y ordenar las ideas de dicha petición; el hacerlo firmar no es más que una dificultad secundaria. Una agrupación de banqueros igual o semejante a cuantas se han presentado para realizar los empréstitos propuestos por el gobierno, conseguiría más fácilmente la firma de todos los industriales de Francia para la petición, que las compañías arrendatarias de empréstitos consiguen realizarlos. La clase industrial está completamente organizada por la Banca, que liga entre sí las ramas de la industria. Así vemos cómo los esfuerzos de los industriales pueden combinarse, para alcanzar un interés común. Los jefes de la industria todavía no han sacado partido de las ventajas que resultan para ellos de la organización de la clase industrial. Nosotros les ofrecemos el medio de utilizar todas las ventajas que otorga dicha organización, para alcanzar la más grande meta política a la que pueden pretender: establecer el régimen industrial; y no dudamos que la adoptarán con verdadero interés.

P.— *Pero, ¿no están prohibidas por la ley las peticiones colectivas? ¿No podrían los procuradores del rey oponerse a la firma de vuestra petición por las personas interesadas en presentarlo?*

R.— Todos los franceses tienen derecho de someter al rey todas cuantas ideas juzguen útiles para la prosperidad del estado, siempre que la exposición de sus deseos revista formas convenientes; una ley que prohibiese la comunicación directa de los sentimientos y de los pensamientos entre el Rey y sus súbditos sería degradante para el trono y la nación. Por otra parte, no hay necesidad de que la petición sea firmada para alcanzar la meta; basta que todos los industriales lo hayan leído, y que públicamente declaren que hacen suyas las ideas que contiene y que están convencidos de que el único medio por el cual el rey puede asegurar la tranquilidad, así como de dar a la prosperidad nacional todo el desarrollo del cual es susceptible, consiste en encargar a una comisión integrada por los industriales la tarea de preparar el proyecto de presupuesto. De este acuerdo resultará un rumor público tan fuerte, que los esfuerzos de los ministros y de los cortesanos para impedir que la atención de Su Majestad se fijase en tal opinión serían totalmente insuficientes. En cuanto al temor que pretendéis nos inspiren los procuradores del rey, os diremos que tenemos razones para creer que no están mal dispuestos con relación a nuestras ideas, pues están marcadas con el sello de un realismo mejor definido que el de los ultra, que no son partidarios más que del sistema aristocrático por derecho de nacimiento.

P.— Pasemos al examen de lo que concierne a Inglaterra y decidnos por qué medio los ingleses pueden establecer en su país el régimen industrial.

R.— Para que los ingleses establezcan en su país el régimen industrial puro, sin utilizar para ello la violencia, es preciso que su parlamento otorgue una ley que abrogue las substituciones, y que otorgue otra que declare muebles las propiedades territoriales.

P.— Se nos antoja imposible que el parlamento de Inglaterra consienta en otorgar estas dos leyes, porque dicho parlamento, tal como vos habéis establecido, está sometido a la influencia de los pares. Los lores, por una parte, dominan el poder real y, por otra, la Cámara de los Comunes; y siendo tales leyes contrarias a los intereses feudales, que son los más importantes para ellos, así como más apreciables para ellos que los industriales, impedirán que sean otorgadas. En una palabra, la adopción no nos parece que pueda ser conseguida por medios legales y pacíficos, pues los lores poseen el poder para oponerse y sólo ellos tienen la autoridad suficiente para hacerlos pasar. De cuanto acabamos de decir, concluimos de que Inglaterra no puede llegar al régimen industrial más que por el camino de la insurrección.

R.— No cabe la menor duda de que los franceses pueden establecer en su país el régimen industrial con más facilidad que los ingleses, porque un simple decreto del rey basta para establecerlo en Francia; pero no deducimos de ahí que la insurrección sea indispensable y necesaria para establecerlo en Inglaterra. La nobleza inglesa es, de entre todas las de Europa, la más instruida, la que mejor conoce la importancia de la industria; no hay un sólo lord que no esté más o menos interesado pecuniariamente en empresas industriales. Añadid a eso que el pueblo inglés tiene un amor propio nacional que le lleva a no dejarse avanzar por ningún otro pueblo. Según estas razones, pensaréis como nosotros que poco tiempo después del ejemplo que habrán dado los franceses en el establecimiento del sistema industrial, todos los ingleses, dejando sus intereses particulares a un lado, trabajarán de común acuerdo para establecerlo en su país.

P.— Recapitulando la opinión que habéis manifestado a lo largo de la conversación, hallamos esto:

1.º Que el humano siempre ha tendido hacia el establecimiento político del sistema industrial.

2.º Cada pueblo ha seguido un camino distinto y una marcha particular para alcanzar dicha meta.

3.º Las naciones francesa e inglesa son las más próximas a la meta. La inglesa parece estar mucho más cerca que la francesa, pero es sólo una ilusión; la nación francesa es la que está mucho menos alejada.

4.º En Francia, un decreto por el cual se encargase a los industriales la tarea de preparar el presupuesto, bastaría para establecer el régimen industrial, y dicho decreto sería obtenido, sin duda, si la clase industrial, que en Francia está compuesta por más de veinticinco millones de hombres, suplicase al rey que considerase que dicha medida aseguraría la tranquilidad del trono y la prosperidad de la nación.

5.º *Cuando la nación francesa haya establecido el régimen industrial, la inglesa no tardará en imitarla.*

6.º *Cuando el régimen industrial se haya establecido en Francia e Inglaterra, los infortunios a los cuales estaba destinada la especie humana en tanto durase el tránsito del régimen gubernamental al régimen industrial se habrán terminado cuando todas las fuerzas gubernamentales existentes en el globo terráqueo se vean inferiores a la fuerza industrial establecida en Francia e Inglaterra; la crisis habrá concluido, porque no existirá más lucha, y todos los pueblos de la tierra, bajo la protección de Francia y de Inglaterra unidas se elevarán, sucesivamente y tan pronto como lo permita el estallo de su civilización, al régimen.*

Y ya que estáis convencidos de la justicia de estos seis asertos, lo mejor que podéis hacer es emplear todas vuestras fuerzas y medios para decidir a los industriales franceses a que presenten al rey la petición cuyo proyecto habéis concebido; y una vez conseguida esta gestión, mediante un encadenamiento de acontecimientos sucesivos, efectuar la mayor mejora de que sea susceptible la especie humana.

R.— Sí, desde luego, el principal fin de todos nuestros trabajos es determinar a todos los industriales de Francia, más de veinticinco millones de hombres, la inmensa mayoría de la nación, a solicitar al rey, mediante una petición firmada por todos ellos, que encargue a los industriales más importantes la preparación del presupuesto. Porque estamos convencidos de que tal medida haría cesar el régimen de parlanchinería bajo el cual vivimos hoy en día, régimen bastardo que ha sucedido al régimen militar; régimen ruinoso, pues ya ha elevado el presupuesto a la enorme suma de mil millones. Porque estamos igualmente convencidos que esta medida, al colocar en las manos de los verdaderos creadores de la prosperidad nacional la alta dirección de la riqueza pública, mejorará el destino de la nación francesa con toda la rapidez posible. Tras haber adquirido esta certeza, una segunda pregunta acude a nosotros: ¿Cuáles son los mejores medios que debemos emplear para conseguir que los industriales efectúen dicha solicitud a S.M.?

Hemos llegado a la conclusión de que debían ser empleados dos medios principales: que, por una parte, debíamos probar a los industriales que esta medida les procuraría todas las ventajas sociales a las cuales podían aspirar; que dicha medida no tendría ningún inconveniente, porque ellos son más capaces que cualquier otra clase de administrar bien la riqueza pública. Que, por otra parte, debíamos facilitar a los industriales dentro de lo posible, los medios para formular esta solicitud en número suficiente para llamar la atención de S. M. Igualmente, hemos reconocido que debíamos emplear alternativamente ambos medios hasta que el éxito de nuestra empresa haya coronado nuestros trabajos. De acuerdo con esta marcha adoptada, les rogamos, ahora que acabamos de presentar la petición al Rey, que reanuden la discusión que nos ocupó. Si lo desea, examinaremos nuevamente, si así lo desea, por el bien de la mayoría de la nación, que la clase industrial se convierta en la primera clase, que el Rey encargue a los industriales más importantes el cuidado de elaborar el presupuesto; volveremos a examinar si Francia debería, de hecho, preferir el establecimiento del sistema industrial a la adopción de la organización social inglesa, siempre teniendo cuidado de manifestar en nuestra discusión el mayor respeto por la realeza, la legitimidad y la Carta.

Después de esta discusión adicional, examinaremos de nuevo cómo los industriales pueden hacer su petición al Rey en cantidad suficiente para llamar la atención de SM. Probaremos que si los industriales existentes en París firmaron la petición cuya ejecución es de una facilidad excesiva sería suficiente para alcanzar la meta.

Primer Apéndice

Sobre Dunoyer y otros publicistas modernos

P.— M. Dunoyer, uno de los autores del Censor, acaba de publicar un folleto extraordinario, que ha llamado la atención de las mejores mentes. Este folleto tiene el siguiente título: "el derecho a celebrar elecciones". Queremos saber que pensáis de esta petición.

R.— Hemos leído este folleto con atención y creemos que contiene una política de ideas más nueva y mejor que cualquiera de las presentadas durante varios años por los publicistas, tanto en Francia como en Inglaterra. Pero las ideas de M. Dunoyer no nos parecen completas, y la laguna que hemos notado podría, según nos parece, conllevar serios inconvenientes si fueran adoptadas antes de que se completen.

P.— Díganos por separado lo que aprueba y lo que desaprueba por el ataque del Sr. Dunoyer, y comience informándonos de lo que parece merecer su elogio.

R.— Comenzaremos citando tres ideas que el Sr. Dunoyer expresó con mucha fuerza y claridad en la página 14 de su folleto: *realmente sólo existe nuestra voluntad de protegernos: las cartas otorgadas pueden ser revocadas; los derechos reconocidos pueden no ser reconocidos; que sólo es nuestro, que sólo es seguro que estamos en general disposición a defender. Sí, en la masa de bienes que están en juego, hay cosas en las que no permitimos que la autoridad nos lo arrebate, podemos decir que ésas son nuestras, pero sólo esas. Todas las demás son del poder, aunque se dicten las leyes que los mantienen para sí mismos; Todos los demás están en el poder, ya que él podría robarnos sin peligro.*

La segunda idea que nos llamó la atención se encuentra en la parte inferior de la página 9 se entiende bien que, en relación con su importancia, consideramos esta idea como la segunda: *¿hay en Francia, entonces, sólo el camino de las elecciones para hacer conocer al Rey sus verdaderos sentimientos? Hay otro, sin duda; hay uno que no puede ser cerrado ni falsificado, y que, si es necesario, puede reemplazar a todos los demás: tiene el camino de la queja, de esta manera siempre está abierto para todos; Es tan legal como el camino de las elecciones; es mucho más fácil; por fin puede ser mucho más poderoso, aunque, por su naturaleza, no parece que produzca tales efectos necesarios.*

Finalmente, la idea de M. Dunoyer, que aprobamos y que nos parece la tercera en importancia, está a la cabeza de su folleto: "comúnmente se supone que el Rey, al disolver la Cámara y convocar a los colegios electorales, quiso saber la opinión de Francia sobre la conducta y los proyectos declarados del partido que en la actualidad dirige nuestros asuntos. Me encuentro demasiado lejos del trono para conocer las razones de sus determinaciones.

Pero, asumiendo que de hecho el jefe del gobierno quería apelar a la opinión del país, ¿está en poder del país responderle y hacerle saber, por medio de elecciones, lo que es? ¿Piensan en general las doctrinas y prácticas del partido dominante? No se puede ocultar al principio que nuestra legislación electoral no lo hace muy difícil. No es seguro que sea Francia la que es consultada. Alrededor de quince mil electores están encargados de responder por treinta millones de hombres: quince mil electores privilegiados, ciento setenta y dos diputados de cuatrocientos treinta, y por lo tanto representan, por su cuenta, dos quintas partes de la respuesta.

En verdad, no es sólo a este puñado de hombres a quienes se dirige la pregunta; las tres quintas partes de los diputados elegidos para un cuerpo de sesenta a ochenta mil electores, la mayoría de los cuales, en general está de acuerdo, tienen ideas e intereses mucho más en consonancia con las ideas y a los legítimos intereses de los muchos. Pero el parlamento que tiene el poder y ha hecho que la ley haya arreglado los asuntos tan bien que es, si no imposible, al menos prodigiosamente difícil para esta mayoría ser dueña de sus elecciones. Primero, se modifica en gran medida por la presencia de votantes privilegiados, a quienes se les permite votar con la mayoría de los votantes antes de votar en sus colegios separados. En segundo lugar, se ha difundido en una multitud de distritos electorales, y hemos tenido el arte de distribuirlo para anular un número considerable de los votos liberales de los que está compuesto. En tercer lugar, finalmente, no preside las operaciones de los colegios; no designa a sus presidentes, ni siquiera, de hecho, a sus escrutadores, por lo que no está seguro de la regularidad de las operaciones de las oficinas. Por lo tanto, cuando la mayoría podría superar los obstáculos a la expresión de su voz por la injusticia y la parcialidad de las leyes, ya sería muy difícil para ella, y no se puede negar, responder a la llamada de S.M. y declarar sobre la conducta del partido que nos rodea y nos domina.

Pero, ¿qué sería si las dificultades serias fueran agravadas por el partido para ser juzgada? ¿Qué pasaría si, el maestro del poder y el encargado de dirigir la operación, esta parte lo dirigiera para evitar por completo que debería ser libre? ¿Qué sería, no digo si se compromete a intimidar o corromper a los votantes, porque al final los electores deben saber cómo resistir las seducciones y las amenazas, pero si los pone materialmente en la imposibilidad de hacerlo? utilizar sus derechos; si tuviera que eliminar a algunos de ellos con sus disfraces, si rechazara a los demás con formalidades multiplicadas de placer, y que siempre es tan fácil hacer insuperables; había engañado acerca del día deben ser las elecciones, si cerraba la puerta a aquellos porque no han tomado su pasaporte con su tarjeta? ¿Cuál sería, en una palabra, si, por una sucesión de expedicionarios más o menos ilegales, impidiera físicamente que la mayoría llegara a la universidad? ¿Sería posible para esta mayoría, jugar, molestar, despedir, responder a la llamada del Rey y hacerle saber, por las elecciones, qué piensa del papel que nos gobierna?

Me dirían que, en tal caso, los votantes podrían denunciar fraudes y actos violentos de los que tendrían que quejarse. ¿Para denunciarlos? ¿a quién? Cabe señalar que la parte cuya conducta política está sujeta a la sentencia del país, es responsable de dirigir el procedimiento, y que, si comete irregularidades para obtener una sentencia favorable, no podemos solicitar una reparación, que probablemente uno pueda quejarse del alcalde al prefecto; pero el partido, dominador de los municipios, también domina en las prefecturas. Puede presentar su queja ante el Consejo de Estado; pero es una posición donde el partido aún tiene la mayoría asegurada. Por último, sería posible denunciar a la nueva Cámara las prácticas ilegales por las cuales el partido había hecho que se eligiera; ¿Pero los medios para creer que la mayoría de esta Cámara consintió en separarse y declararse ilegalmente elegido?

Por lo tanto, el partido puede cometer las previsiones más serias sin que tengamos ningún medio para poner un obstáculo en ello. No lo examino si lo hace, esta es una pregunta aparte, y lo dejo para que lo juzgue todo el público; pero yo digo que tiene los medios para hacerlo. También agrego que, si él quiere actuar de manera fraudulenta, su interés no es hacerlo a medias: porque, de hecho, las elecciones, es una forma segura de defraudar con impunidad, de defraudar lo suficiente como para obtener la mayoría. Por cualquier medio que lo obtengamos, de hecho, ¿no estamos siempre a punto de hacer que se encuentre buenas y válidas las operaciones mediante las cuales lo hemos obtenido? por lo tanto, no debe ser engañado, algún recelo que despliega a los votantes, está en poder del partido dominante para escapar del juicio de la mayoría y hacer que el país parezca aprobar su conducta, entonces incluso que lo condenaría de la manera más positiva y fuerte.

Estas tres ideas nos parecen buenas, porque realmente sirven de introducción a nuestro catecismo. El lector atento debe haber notado que en los primeros dos libros sólo nos hemos preocupado por indicar a la clase industrial, que forma el vigésimo quinto de la nación, el uso que debe hacer para hacer el derecho de petición; habrá notado que al final de nuestro segundo libro le entregamos un proyecto de industrialización al Rey, y que en este lugar la industria expone a S.M. que están en un estado de sufrimiento, porque la fortuna pública está mal administrada y los intereses generales están mal dirigidos e imploran al Rey que confíe a los industriales más importantes la tarea de hacer los presupuestos, ya que es la única forma de garantizar la prosperidad. Al resumir nuestra aprobación de las ideas del Sr. Dunoyer, encontramos que tenía razones para decir que el derecho de petición al Rey es infinitamente más importante para la nación que su derecho a nombrar una Cámara de Diputados; que todas las leyes que se han hecho a su favor, que todo lo que se podría hacer, que la Carta que se le ha otorgado y que todo lo que se puede otorgar a partir de entonces. Encontramos, además, que por la claridad, el laconismo y el vigor con que M. Dunoyer ha presentado esta verdad, ha prestado un servicio muy importante tanto al Rey como a la nación.

P.— ¿Cuáles son las ideas que os impresionan?

R.— Lo que nos impresiona es la forma que M. Dunoyer aconseja a la nación que haga la petición.

P.— ¿Nos motiva su desaprobación?

R.— De acuerdo con la manera en que M. Dunoyer aconseja a la nación usar el derecho de petición, es evidente que concibió las cosas de la siguiente manera: Este publicista considera que la nación es pasiva en términos de combinaciones políticas. Él ve al gobierno como encargado de inventar, descubrir, concebir las medidas generales que pueden ser favorables para la nación, y reduce a la nación al simple papel de juez, manifestando su desaprobación y condenando las medidas que no le convienen. Ahora, decimos, y vamos a demostrar que esta concepción de M. Dunoyer es viciosa y peligrosa porque tiende a dar a la nación ideas muy falsas sobre su posición actual y sobre los medios que debe emplearse para poner fin a la crisis en la que se encuentra involucrado. Al principio, la concepción de este publicista está en oposición con todo el conocimiento adquirido en fisiología general, en filosofía, en moral, en una palabra en la ciencia del hombre y, de hecho, en lo que dice la ciencia del hombre. Las clases de hombres que componen la sociedad no pueden inventar cosas que les parecen útiles para sus intereses, que sólo pueden trabajar en lo que les parece ventajoso.

Ahora, el poder real sigue confiando la dirección principal de los asuntos públicos a la antigua nobleza, a la nueva nobleza ya la burguesía; el gobierno así compuesto puede concebir sólo medidas opuestas a los intereses de la clase industrial que es realmente la nación. M. Dunoyer, por lo tanto, se equivoca al atribuir al gobierno actual el papel activo, es decir, la función de inventar medidas que pueden ser útiles para la nación. Este publicista está igualmente equivocado al atribuir a la nación, en las circunstancias actuales, el papel crítico; Para la clase industrial que forma la verdadera nación, en este momento confinada a ejercer una acción crítica, y ejercer esta acción con el vigor que M. Dunoyer le aconseja emplear, debe necesariamente involucrarse en nuevas revoluciones, en nuevas insurrecciones, en revoluciones y en interminables insurrecciones.

Citaremos en apoyo de lo que acabamos de decir lo que ha sucedido desde 1789. Desde 1789, la clase industrial ha ejercido sólo una acción crítica hacia los gobiernos que han existido. Diez gobiernos han sido derrocados sucesivamente, y la principal ocupación del actual gobierno es aplastar o contener a las facciones que renacen incesantemente. El resultado fue la masacre de Luis XVI y un número de personas honestas, el derrocamiento del trono, el establecimiento temporal de una nueva dinastía, el establecimiento de una nueva nobleza que es una nueva carga para la clase industrial. El Sr. Dunoyer se equivocó al atribuir en ese momento a la nación, es decir, a la clase industrial, sólo un papel crítico.

P.— Explíquese más claramente: culpa al Sr. Dunoyer por haber considerado al gobierno como una iniciativa en la dirección de los intereses nacionales y por haber considerado a la nación como el juez de los actos del gobierno. ¿Qué habrías deseado? ¿Habría preferido que confiara a la nación la iniciativa de las medidas a tomar, y que debería reducir el gobierno al rol de juez, las medidas tomadas por la nación?

R.— En general, la tesis M. Dunoyer tiene toda la razón; es cierto que son los gobiernos los que deben inventar o adoptar, es decir, producir las medidas que tienen por objeto el bien público, pero siempre se supone que los gobernadores y los gobernados tienen intereses de la misma naturaleza, que tienen el mismo tipo de actividad, que tienden hacia el mismo fin, que están animados por el mismo espíritu; que tienen deseos similares, que tienen la misma manera de ver los medios generales que deben emplearse para mejorar su suerte. Ahora, las circunstancias políticas en las que nos encontramos están sujetas a la regla, porque los gobernadores consisten casi en su totalidad de viejos nobles, nuevos nobles y hamburguesas; porque los intereses de estos gobernadores y de los gobernados, que son esencialmente industrializados, no son de la misma naturaleza; porque los gobernantes y los gobernados no tienen el mismo tipo de actividad, porque los gobernantes y los gobernados no tienden hacia el mismo fin, porque no son anime del mismo espíritu, porque experimentan. Deseos muy disímiles, porque tienen puntos de vista muy diferentes en cuanto a los medios que deben emplearse para mejorar su suerte.

Las circunstancias políticas en las que nos encontramos son peculiares, circunstancias únicas en el curso de la civilización; nuestra principal necesidad política, dominante y exclusiva en este momento es operar o, más bien, terminar la transición del sistema gubernamental al sistema administrativo, del sistema militar al sistema pacífico; ahora, para hacer esta transición, es indispensable para la nación, es decir, para la clase industrial, tomar la iniciativa de pedirle a S.M. que le cobre a los industriales más importantes la tarea de preparar el proyecto. Presupuesto, la única medida que puede lograr el objetivo de conciliar los deseos de los gobernantes y los de los gobernados.

La realeza francesa, en este momento y desde la manifestación de las generosas intenciones de Luis XVI, sintió un cautiverio mucho más completo del que la realeza española había sufrido durante unos días en Cádiz. Corresponde a la nación francesa, sin la ayuda de ningún extraño, devolver la libertad a su Rey, que en realidad ahora es un prisionero de ex nobles, nuevos nobles y burgueses. Y para llevar a cabo la liberación del Rey, la nación francesa no necesita utilizar ningún medio violento, sino que será suficiente para que manifieste su intención. Será suficiente para él decirle al Rey, como hemos indicado en el borrador de la petición que hemos presentado en este cuaderno, señor, la clase industrial ahora es dominante por el hecho, si usted, Majestad usa todo su poder para declararlo dominante por derecho, la tranquilidad se volverá inquebrantable, porque la homogeneidad se restablecerá entre los gobernantes y los gobernados. Al resumir, impresionamos al Sr. Dunoyer, por haber aconsejado a la nación, es decir, a la clase industrial usar el derecho de petición sólo para hacer un uso crítico. Si los industriales utilizaran el derecho de petición sólo de manera crítica, la existencia política de la antigua nobleza, la nueva nobleza y la burguesía continuaría durante mucho tiempo; ya que sólo pudo llegar a su fin después de haber atravesado el círculo con malas medidas para tomar, es decir, medidas contrarias a los intereses de la clase industrial, que hoy es dominante en el hecho.

P.— *Resúmanos, en una sola opinión, su aprobación y su desaprobación del folleto de M. Dunoyer; preséntanos un juicio general de esta producción como crees que merece ser.*

R.— Hay más bueno que malo que decir sobre el trabajo del Sr. Dunoyer. Los errores que ha cometido serán muy fáciles de corregir, tienen una importancia muy pequeña en comparación con la fuerza y bondad de la concepción general. M. Dunoyer definitivamente ha salido, y en un solo impulso, de la rutina en la que los publicistas han estado comprometidos durante mucho tiempo. Este editor ha logrado colocar, en pocas páginas, la mente del lector sobre las consideraciones del régimen constitucional o representativo; Por encima de todas las consideraciones presentadas por los escritores en economía política, liberó la inteligencia de sus compatriotas de los vínculos metafísicos que les impedían ver claramente el fin al cual debían esforzarse, y los medios que debían emplear para alcanzarlos. este objetivo.

Él ha demostrado claramente a la nación, a la clase industrial, que si está mal gobernada es su culpa, ya que es la más fuerte. Hizo que esta clase sintiera que su superioridad es tal que no tiene necesidad de usar violencia ni amenazas para que su opinión sea adoptada por el gobierno. Ha sido capaz de apreciar al máximo la institución de la realeza, que proporciona a la nación francesa los medios para realizar las mejoras más importantes en su organización social, sin que estos cambios causen ningún impacto.

P.—— *Debe presentar un análisis de las obras de todos los publicistas modernos, similar a lo que nos da en el folleto de M. Dunoyer; esto permitiría al lector juzgar la relación entre su opinión y la de otros escritores. Entonces, su sistema no aparecería como una concepción aislada, le daría, por este medio, un apoyo sólido, y actuaría mucho más enérgicamente en la opinión pública.*

R.—— Hicimos este trabajo por nuestra propia cuenta, porque nuestro sistema no es más que la reunión de lo que encontramos en las obras de los públicos y la sistematización de estas opiniones; pero este trabajo es demasiado largo para que lo produzcamos en este momento; si lo hiciéramos, la exposición de las consideraciones incidentales excedería infinitamente el tamaño de las ideas principales; nos limitaremos a presentarle el resumen de este trabajo.

Este resumen demostrará que los más capaces han estado preparando el establecimiento del sistema industrial. El célebre Bacon predijo el establecimiento de un orden de cosas en el que todo razonamiento se basaría en hechos observados; así predijo el establecimiento político del sistema industrial, porque este sistema es el único en el que los intereses públicos se consideran en su relación positiva. Montesquieu preparó el establecimiento del sistema industrial señalando que el comercio suavizaba los modales e inducía fuertemente a la realeza a asumir el carácter industrial. Condorcet, en su bosquejo de un cuadro histórico del progreso de la mente, indicó la manera en que era necesario demostrar que el progreso siempre había tendido hacia el establecimiento del sistema industrial. muy mal ejecutado este plan; pero su invención ha sido, sin embargo, un gran camino hacia el establecimiento del sistema industrial. Su trabajo, que hemos rediseñado, y que publicaremos en breve, proporcionará una prueba indiscutible de ello.

M. Comte, autor del Censter europeo, estableció en el primer artículo de este trabajo, que los pueblos de la antigüedad se habían organizado para la guerra y que era la mejor organización que podían ofrecerse. En el estado de luces y pasiones donde se encontraban. Luego demostró que los pueblos actuales deberían organizarse para la paz y la producción, porque correspondía a sus deseos más generales y a sus capacidades más positivas. El Sr. Benjamín Constant demostró que la Cámara de los Comunes en Inglaterra, así como la Cámara de Diputados en Francia, no tenían los poderes suficientes para hacer un buen presupuesto, o más bien para impedir que los ministerios de Inglaterra y Francia pasar presupuestos a las cámaras contrarios a los verdaderos intereses nacionales.

El Sr. Courrier, quien le dio al sistema representativo el nombre de un sistema recreativo, ha demostrado muy bien, aunque sólo usó bromas en su demostración de que el sistema representativo no era proporcional al estado de nuestro y ha sentido muy bien que era necesario fortalecerlo con una medida mucho más favorable para los industriales. El señor Alexandre de la Borde ha establecido muy bien, en su obra, titulada El espíritu de asociación, que el espíritu de industrioso era el que debía dominar la política. M. Fiévé comentó con gran razón que el dinero estaba en el fondo de todos los asuntos, y que los intereses industriales, por lo tanto, desempeñaban un papel preponderante en todas las circunstancias políticas. Finalmente, el

Sr. Dunoyer, cuyas ideas acabamos de examinar, ha demostrado, como hemos dicho, que la nación debe manifestar su propia opinión. Ahora, es obvio que en el momento en que ella tomará esta gran fiesta, que es la única buena, le rogará a la Roí que establezca el régimen industrial, cobrando a los personajes principales de la clase esencialmente laboriosa, del cuidado por hacer El proyecto de presupuesto.

Concluimos de este resumen que la concepción del sistema industrial fue formada por Bacon, Montesquieu, Condorcet, Comte, Benjamin Constant, Courrier, De la Borde, Fieve, Dunoyer y una multitud de otros autores, de los cuales no hemos creído deber hablar en este resumen. Escritores en la dirección retrógrada, como MM. De Maistre, Bonald, la Mennais, etc., también han contribuido enormemente a facilitar la producción y el establecimiento del sistema industrial. Su trabajo se divide en dos partes distintas. En el primero, establecen, de manera elocuente y rigurosa, la necesidad de basar la reorganización de Europa en una concepción sistemática; muestran muy claramente que los planes políticos, producidos hasta ahora por la santa alianza, por los gobiernos de Francia, Inglaterra, Rusia, Prusia y Austria, son sólo pequeñas concepciones; sólo vistas estrechas; y que la conducta colectiva e individual de las grandes potencias no puede de ninguna manera alcanzar el gran objetivo de restaurar la tranquilidad en Europa. Estos escritores también han demostrado que las opiniones de los liberales y de todos los partidos políticos que han existido hasta el día de hoy, en oposición a los planes generales de la santa alianza y los planes particulares de las grandes potencias que la componen, no se cumplen. la condición sistémica tampoco es esencialmente necesaria para el establecimiento de un orden de cosas tranquilo y estable.

Ahora, la demostración de la que acabamos de hablar ha empujado las mentes hacia la producción y el establecimiento del sistema industrial; ya que es el único que puede adaptarse al estado de nuestra civilización. En la última parte de sus trabajos, estos escritores se han comprometido a demostrar que el único sistema adecuado para Europa es el que se puso en práctica antes de la reforma de Lutero; es decir, que los medios para restablecer la tranquilidad en Europa consistían en reconstituir el poder teológico como el poder supremo y en reorganizar el feudalismo entre todas las naciones que conforman la sociedad europea. Esta segunda parte de su trabajo, que es esencialmente ruinosa, tiene muy pocos inconvenientes, ya que sólo puede conseguirles un buen número de partidarios, ya que afecta al sentido común.

De hecho, el sentido común es repugnante a la idea de la retrogradación en la civilización y, en tanto que razones de sentido común, reconoce que el verdadero objeto político del poder papal, como poder general y preponderante, era unir a las naciones. oponerse a la invasión general de su territorio por los pueblos asiáticos; como lo había sido durante la época de los sarracenos, y el establecimiento del feudalismo estaba destinado a oponerse a las guerras internas. El sentido común reconoce que la institución del papado y el feudalismo no puede satisfacer hoy las necesidades de la sociedad europea, ya que su superioridad militar sobre los pueblos asiáticos está completamente establecida, ya que la pasión de los combatientes es todo.

Hemos dividido en dos partes el trabajo, que presentamos en este momento el resumen. Por un lado, hemos considerado los trabajos teóricos, es decir, los trabajos de los publicistas, y hemos apreciado, como acabamos de decir, su importancia en el establecimiento del sistema industrial. Por otro lado, hemos examinado la influencia ejercida por los practicantes, es decir, por los ministros, a favor de la admisión del sistema político más adecuado para asegurar la tranquilidad del Rey, y la prosperidad de la nación.

El gran Sully, un contemporáneo del Canciller Bacon, el gran Sully, ese digno amigo de los mejores de nuestros reyes, de ese bravo y buen Enrique IV que pidió consejo a los comerciantes de Rouen sobre la forma en que administraría la fortuna pública.

Es el primer ministro que ha conducido a la nación hacia el establecimiento del régimen industrial. Este confidente del verdadero padre de la gente, de ese Rey que tenía su jubón perforado en el codo, de ese Rey a quien sus descendientes habrían hecho mejor para imitar exactamente que para alabarlo tanto; este ministro, que, en lugar de agotar el tesoro real por sus gastos personales, pagó cien mil coronas con las ganancias de la venta de sus bosques, vivió en un momento en que los nobles aún sostenían la espada con una mano y el arado de el otro; fue él quien concibió el establecimiento de una paz perpetua, un proyecto que desde entonces ha sido honrado por el Abbé de Saint-Pierre, un proyecto infranqueable, seguramente, mientras la clase esencialmente pacífica, que es la clase industrial, no sea el objetivo. clase predominante, pero que evidentemente y directamente tendió a colocar a los industriales en el primer rango social.

Colbert siguió los pasos de Sully; Ha hecho una gran expansión de todas las ramas de la industria; ha aumentado considerablemente la importancia de la industria; en consecuencia, ha disminuido la de los nobles, y de este modo ha facilitado el establecimiento del sistema industrial. Turgot, Malesherbes y Necker avanzaron en la dirección dada por el gran Sully. Desde la restauración, Decaze ha dado grandes pasos, ya que elevó el impuesto de las patentes al rango de impuestos directos; y finalmente, por M. de Villèle, que acaba de crear un consejo supremo de comercio, que es claramente un tributo general a la clase industrial, del cual algunos miembros comenzarán a formar parte del gobierno. En resumen, decimos: durante trescientos años, los hombres más capaces y mejor intencionados, en política práctica y teórica, han preparado el establecimiento del sistema industrial, y todo está listo para este establecimiento. El día en que la industria exprese de manera clara y unánime al Rey el deseo de ver al Sr. M. formar una comisión compuesta por los principales industriales y responsables de la redacción del presupuesto, su demanda será recibida con una recepción favorable.

Segundo apéndice

Sobre el liberalismo y el industrialismo. Invitamos a los industriales celosos del interés público y que conocen las relaciones que existen entre los intereses generales de la sociedad y los intereses de la industria, a no soportar por más tiempo que se les designe liberales; les invitamos a enarbolar una nueva bandera y a inscribir en sus banderas la divisa: industrialismo. Dirigimos idéntica invitación a las personas que, fuere cual fuere su estado y profesión, estén profundamente convencidas, como nosotros, de que el único medio de establecer un orden de cosas sosegado y estable consiste en encargar de la alta administración de la riqueza, pública a aquellos que contribuyen con más dinero al tesoro público y retiran menos de él. Les invitamos a declararse industrialistas. Es principalmente a los verdaderos realistas a quienes formulamos esta invitación, es decir, nos dirigimos especialmente a aquellos que desean dar la prosperidad nacional como base a la tranquilidad y dicha de la casa de Borbón.

P.— ¿Qué beneficio creéis que puede derivar de este cambio de nombre? ¿Qué ventaja halláis a la substitución de la palabra liberalismo por la de industrialismo? ¿Cuáles son los inconvenientes afectos a la palabra liberalismo; para que consideréis como algo tan importante su abandono?

R.— Nos formuláis demasiadas preguntas a la vez.; la cual queréis que os contestemos primero?

P.— ¿Decidnos cuales son los inconvenientes afectos a la palabra liberalismo, así como que bien puede resultar de su abandono por parte del partido que desea el perfeccionamiento de la organización social no empleando, para alcanzar dicha meta, mas que medios leales, legales y pacíficos.

R.— La designación del liberalismo, me parece tener grandes inconvenientes para los hombres bien intencionados que marchan bajo esta bandera.

P.— ¿Cuál es el primero de dichos inconvenientes?

R.— La palabra liberalismo designa un orden de sentimientos, no una clase de intereses; de donde resulta que dicha designación es vaga y viciosa.

P.— ¿Cual es el segundo de sus inconvenientes?

R.— La mayoría de los que se dejan designar por el nombre de liberales está integrada por hombres pacíficos, hombres animados por el deseo de concluir con la revolución, mediante el establecimiento, utilizando medios legales y pacíficos, de un orden de sosegado y estable; un orden de cosas proporcionado al estado de los conocimientos y de la civilización.

Pero los conductores de dicho partido son hombres que han conservado el carácter crítico, es decir, el carácter revolucionario del siglo XVIII. Todos los hombres que desempeñaron un papel en la Revolu-

ción, primero como patriotas y después como bona-
partistas, dicen hoy en día que son liberales; de esta
forma, el partido llamado liberal se compone en la
actualidad de dos cases de hombres, cuyas opiniones
son distintas e incluso opuestas. Los fundadores de
dicho partido son hombres cuya intención general
consiste en derribar todos los gobiernos que puedan
establecerse para colocarse en su lugar; mientras que
la gran mayoría de dicho partido querría dotar al gobierno de la mayor estabilidad y del mayor poder po-
sibles, siempre y cuando haya adoptado sinceramente
la dirección que reclaman los intereses nacionales.

La denominación de liberalismo, habiendo sido
adoptada por los residuos del partido patriota y del
partido bonapartista, es una denominación que presenta muy graves inconvenientes parados hombres
cuya tendencia; esencial es la de constituir un orden
de cosas sólido, por medios pacíficos.

No pretendemos decir que los patriotas y los bo-
napartistas no hayan prestado grandes servicios a la
sociedad; su energía ha sido útil, porque fue preciso
destruir antes de construir. Pero, hoy en día, el espíritu revolucionario que les animó es directamente
contrario al bienestar público; hoy en día, una denominación que no indique un espíritu completamente
contrario al espíritu revolucionario, no puede convenir a hombres con ideas claras e intenciones buenas.

P.— ¿Cuál es el tercer inconveniente afecto a la denominación de liberalismo?

R.— El partido que se llama liberal, no sólo ha sido derrotado en Francia, sino también en Nápoles, España e Inglaterra; los miembros de la extrema izquierda, en Francia, no son mejor vistos que los señores Brougham y Robert Wilson en Inglaterra. Las múltiples derrotas de los liberales van probado que las naciones, lo mismo que los gobiernos, no querían adoptar sus opiniones políticas; pues bien, cuando a gente sensata se le demuestra que ha seguido un mal camino y escogido malos guías, aquella se apresura a cambiar de dirección. Y de las tres razones que acabamos de exponer sacamos la conclusión de que los hombres pacíficos, cuya opinión tenga por tendencia establecer un orden de cosas sosegado y estable, deben apresurarse a proclamar que no quieren ser designados con el nombre de liberales, al tiempo que deben inscribir una nueva divisa en bandera.

P.— ¿No ha sido ya hecho lo que decís? ¿No ha remediado ya M. Ternaux el inconveniente al que os referís, publicando su profesión de fe?

R.— Existen en Francia tres denominaciones políticas de partidos: se llama ultra a aquellos que quieren hacer retroceder la civilización, restableciendo la influencia política de los nobles y de los sacerdotes, cual ocurría antes de la revolución. Se llama ministeriales a aquellos que secundan las intenciones de los ministros, tenga su conducta por motivo el afán de una recompensa, o el temor de volver al estado revolucionario, o ambas cosas a la vez.

Se llama liberales a aquellos que quieren forzar al gobierno a un cambio de marcha, bien tengan la intención de derribar al gobierno para ocupar su lugar, o hayan manifestado su voluntad de no emplear mas que medios leales, legales y pacíficos para alcanzar su meta. Decimos, y esa es la finalidad de este tercer apéndice:

1.º Que ha llegado el momento de que las dos clases que integran el partido llamado liberal se separen.

2.º Que aquellos liberales que tengan voluntad de no emplear más que medios pacíficos, para determinar al ministerio para que avance abiertamente por el camino de los intereses nacionales, no tienen más que un medio para separarse de aquellos que conservan en toda su pureza la norma de quítate de ahí, que me ponga yo. Y dicho medio consiste en adoptar una nueva denominación para designar este partido.

Ahora vamos a ver que la profesión de fe de M. Ternaux no alcanza a establecer la división entre las dos clases de liberales, lo cual, evidentemente, era aquello que se había propuesto. Criticaremos dicha obra con tanta más confianza y libertad por cuanto nos liga la amistad con el autor, al tiempo que compartimos todas sus opiniones e intenciones políticas. Pareciéndonos este examen de mayor importancia, creemos conveniente poner la obra ante los ojos del lector, a fin de que pueda leerla inmediatamente antes de conocer nuestras observaciones con respecto a la misma.

Profesión de fe política de M. Ternaux

En tiempo normal, es deber de todo ciudadano que se respeta a sí mismo despreciar la calumnia y al calumniador; pero hay momentos en los cuales resulta esencial no permitir que la opinión pública tome la falsa dirección que determinados periodistas adocenados pretenden darle, utilizando, para alcanzar su fin, denominaciones que, tanto por principio como por su sentido natural, aparecen como respetables; pero que desnaturalizadas por el espíritu partidista, ofrecen ideas diametralmente opuestas. Eso es lo que ocurrió con el vocablo patriota, y eso lo que hoy en día se está provocando con el de liberal.

Desde luego que me honro con dicha calificación, mas para prevenir cualquier equívoco con respecto a ello, declaro que no acepto y no quiero conservar el título de liberal, excepto cuando dicho vocablo adquiere su verdadera aceptación. Para mí, quien dice liberal dice un hombre generoso tanto en sus sentimientos como en sus acciones; un hombre que no quiere para los otros lo que no querría para sí; un hombre temeroso de Dios y que obedece las leyes.

Sí, soy liberal en este sentido, porque deseo la tolerancia de cultos y el mantenimiento de la religión cristiana, tal y como fue establecida por el Evangelio; porque respeto y quiero a sus ministros cuando éstos no se ocupan más que de lo espiritual, mientras que los rechazo cuando aspiran a usurpar el poder temporal. Soy liberal en el sentido de que quiero la monarquía constitucional, es decir, el trono hereditario, de varón a varón de los Borbones, porque reconozco que de dicha estabilidad depende nuestro sosiego y el mantenimiento de nuestras libertades. Respeto y amo a los realistas que, como nosotros, quieren la realeza por la utilidad y necesidad que esta supone para el orden social; que, como yo, se manifiestan como sus fieles apoyos, intentando que se respete nuestro pacto fundamental y las leyes que de el se derivan.

Desprecio y detesto a los realistas que aman la realeza en razón de los cargos, empleos, dignidades y favores que ésta distribuye. Soy liberal al título siguiente: quiero la Carta constitucional tal como el rey la proclamó, tal como la juró, tal como la confió a nuestra fidelidad y a nuestro valor, sin cambio ni alteración, cualquiera que esta fuese.

Respeto y amo a cuantos, como yo, anhelan su ejecución lo mismo en el espíritu que en la letra, sin aspirar a más libertad ni consentir menos de la que concede, porque estoy convencido de que con Ella y por Ella, nuestro país puede alcanzar toda clase de prosperidad y la suma de felicidad de la cual es susceptible. Amo a quienes la explican sinceramente, ingenuamente, con candor y buena fe, tal como un hombre honrado puede y debe entenderla con la sinceridad de su alma y la pureza de su corazón.

Desprecio y detesto a cuantos, por medio de sutilezas, falsas o forzadas interpretaciones, intentan destruir su espíritu, violar el texto, torturar las conciencias, comprometer la administración y la autoridad con abusos de poder; confundir la autoridad del Rey, y declarada inviolable e intachable, con la de sus ministros, agentes responsables. Desprecio y detesto a cuantos, fueren en la situación que fueren y se hallaren en las filas que se hallaren, incluso opuestas, no temen comprometer.. la tranquilidad y la dicha de su patria, el orden social entero, procurando derrocar la realeza y la Carta, para obtener riquezas y poder o suplantar rivales; a cuantos profesan, tanto por la una como por la otra, un respeto hipócrita que desmienten sus principios y acciones; a cuantos, por ultimo, sueñan con la república, la instauración de otra dinastía o la resurrección de privilegios que la Carta sabiamente les ha negado, por ser contra-

rias al interés común. En una palabra, soy liberal en el sentido de que querría forzar a los ministros a que gobernasen en el interés nacional y seguían los deseos del Rey, que no pueden ser otros que los de su pueblo, y no en interés de una facción o partido.

Como quiera que importa, dentro de las disensiones civiles, que los buenos ciudadanos sepan aunarse, que la patria y el trono conozcan a sus verdaderos amigos y que los señores electores no puedan albergar dudas sobre los principios de aquellos a quienes quieren honrar con sus sufragios, os ruego deis a mi carta la publicidad que creáis útil y conveniente.

Aceptad mi agradecimiento y la manifestación de los sentimientos con los cuales tengo el honor de serlo.

Vuestro muy humilde y obediente servidor.

Firmado: GL TERNAUX, el mayor.

Y ahora, valgan nuestras observaciones a esta profesión de fe:

1.º– M. Ternaux acepta la denominación de liberal, y se equivoca; primero, porque es imprecisa; después, porque la conducta de los hombres que se llaman liberales, y que así son designados por los ultra y por los ministeriales, la han desacreditado.

2.º– La profesión de fe de M. Ternaux posee el mismo defecto que el vocablo liberalismo; no produce mas que una opinión imprecisa; habla de sentimientos pero no precisa intereses.

3.º– Para la formación de un partido político, deben ser reunidas varias condiciones; ante todo, es necesaria una divisa; esta divisa debe ser lo más corta posible; debe reducirse a una sola palabra. Después, es necesaria una obra que desarrolle la opinión del partido, por último, es preciso un periódico cotidiano que, en cuantas circunstancias políticas se presenten, haga aplicación de los principios adoptados por el partido. El desarrollo de la opinión del partido liberal ha sido realizado por gente de mucha inteligencia en Minerva; las aplicaciones de los principios de dicho partido se realizan a diario en el Constitucional, y la profesión de fe de M. Ternaux no puede remediar el mal causado por Minerva el Constitucional, que han hecho constantes esfuerzos por llamar la atención de los franceses en una época durante la cual se hallaban bajo una falsa orientación política, tal y como M. Benjamín Constant probó perfectamente bien en su excelente obra El Espíritu de las conquistas.

En una palabra, la profesión de fe de M. Ternaux no puede contribuir a la fundación del partido político que él desearía formar, porque dicha profesión de fe tiene demasiada extensión para ser utilizada como divisa, mientras carece de la necesaria extensión para dar un carácter suficientemente desarrollado a su opinión. Por el momento, nos limitaremos a indicar tan sólo dos observaciones más, las cuales desarrollaremos más tarde, en el curso de nuestra tarea. Pensamos, como M. Ternaux, que la Carta debe ser respetada y seguida meticulosamente. Pero le señalamos que hoy en día queda probado por la experiencial que dicha medida sería insuficiente para ponerle fin a la revolución, porque el espíritu de facción sigue existiendo, y con muy grande actividad, pese a que la Carta nos fue otorgada hace varios años. Y de este hecho irrefutable, extraemos la conclusión de que los buenos ciudadanos deben intentar descubrir cuál sería la medida política que podría restablecer la calma y la confianza en el gobierno.

Pensamos, como M. Ternaux, que la religión cristiana es el mejor código moral que existe; pero opinamos que dicho código requiere ser completado. Fue dado a los hombres en una época en la cual la esclavitud estaba generalmente establecida, de donde resultaba que el poder temporal, no podía ser sometido a principios de moral fijos y positivos. Pero hoy en día, cuando la esclavitud ha sido completamente extinguida de Francia, hoy en día que la clase industrial se ha convertido en la dominante, es posible, e incluso fácil, completar los trabajos de los evangelistas, y este es el único medio de poner un freno a las pretensiones políticas del clero.

Por ultimo, como quiera que M. Ternaux es fabricante, su profesión de fe tiene el más grave de los inconvenientes, bajo el aspecto de que no es, en absoluto, popular; es decir, que no puede llegar a ser comprendidos los obreros. La tranquilidad pública no se establecerá sólidamente en tanto no se dé a la sociedad una base de moral positiva; los jefes de los trabajos industriales son los protectores hatos de la clase obrera: mientras los fabricantes formen bando aparte con los, obreros, mientras no utilicen aquellos un lenguaje que pueda ser entendido por estos, la opinión de esta clase, muy numerosa y todavía muy ignorante, no hallándose guiada por sus jefes naturales, siempre podrán dejarse seducir por los intrigantes, quienes querrán realizar revoluciones para adueñarse del poder. Si los obreros destruyen los telares en Inglaterra, se debe a que los fabricantes cuentan con la fuerza armada para contenerlos, y no se ocupan para nada de poner freno a sus pasiones violentas, mediante el conocimiento de sus verdaderos intereses; es consecuencia de la ignorancia en la cual les dejan, con relación a sus verdaderos intereses políticos y privados; el que los radicales hayan encontrado el medio de hacerlos entrar en insurrección, y por lo cual se han visto obligados a matarles en Manchester.

Francia, tal y como lo hemos dicho en este cuaderno, esta destinada a entrar abiertamente en el régimen industrial antes que Inglaterra, porque los jefes de los trabajos industriales harán cuerpo, en opinión política, con los obreros, antes de que los industriales importantes de Inglaterra hayan dejado de formar con los lores una liga que tiende a mantener la subordinación de los obreros, más por la fuerza que mediante los principios de una moral positiva.

P.— *Las observaciones que acabáis de presentar nos hacen comprender la gran importancia que tendría una asociación de los publicistas y los jefes de los trabajos industriales. Reflexionando sobre ello, reconocemos que la combinación de las fuerzas teóricas con las de los practicantes, en política, es necesaria para determinar el gran movimiento moral que debe conducir la soledad a un estado de tranquilidad. inquebrantable. Desde luego, los industriales mis importantes son los hombres más capacitados para administrar bien la fortuna pública; pero es igualmente cierto decir que los publicistas son los únicos que pueden, por medio de sus trabajos, determinar al Rey y a la Nación a confiarles la dirección de los intereses económicos de la nación. Y de cuanto acabamos de decir, sacamos la conclusión de que debéis realizar cuantos esfuerzos sean precisos para determinar la formación de dicha asociación.*

R.— Nosotros deseamos tanto más vivamente la pronta formación de esa asociación por cuanto una circunstancia de carácter personal, hace que el tiempo, con relación a ello sea en extremo precioso. Somos viejos y toda nuestra vida ha sido empleada en formar la combinación del sistema que presentamos hoy. Esta asociación nos procuraría los colaboradores que tanto necesitamos para desarrollar el sistema con rapidez y su desarrollo, dirigido por su inventor, sería llevado a los espíritus con un impulso que no puede existir en el individuo inventor; vigor, como decimos, tampoco puede ser trasmitido por él a los discípulos.

Como veréis, tenemos las más poderosas razones para desear la rapidísima admisión de la asociación de las capacidades industriales y científicas; pero no conocemos otro medio de producirla que el publicar, con respecto a ello, nuestras ideas, evitando que los facciosos puedan utilizarlas para turbar el orden público y causar alguna inquietud al Gobierno.

P.— *Seguid produciendo vuestro sistema; haced vuestras publicaciones todo lo frecuentes que sea posible: la asociación que deseamos tanto como vos, se formará incluso antes de lo que pensáis. Volvamos ahora a la cuestión que nos ha ocupado en este segundo apéndice. Nos habéis probado que la denominación, de liberal no podía convenir a las personal que no están dispuestas a emplear mas que medios leales, legales y*

pacíficos, para determinar al gobierno a marchar abier-
tamente en la dirección de los intereses de la mayoría
dela nación, es decir, en la dirección de los intereses de
la clase industrial. Pues bien, ahora debéis decirnos cual
es la denominación que estos hombres deben adoptar
para formar un partido político que quede bien dife-
renciado de cuantos han existido desde 1789 hasta hoy.

R.— La denominación de industrialismo para la opinión del nuevo partido político y la de industrialista para las personas que se inscriben en dicho partido, nos parecen las mejores.

P.— ¿Qué ventajas tienen estas denominaciones?

R.— Tres ventajas grandes y distintas nos parecen inherentes a la denominación de industrialismo.

P.— ¿Cuál es la primera de dichas ventajas?

R.— La denominación de industrialismo llama la atentación sobre los intereses, y, por consiguiente, nos parece muy preferible a la de liberalismo, o a cualquier otra designación que no indique más que sentimientos; porque los intereses son mucho menos variables que los sentimientos. Por ejemplo, hoy en día, un hombre nacido noble no puede ser verdaderamente liberal, salvo en el caso de que labore abiertamente en la abolición de todas las ventajas de que todavía disfruta la nobleza en cuanto a la consideración, poder, o facilidad en la obtención de cargos; ahora bien, la experiencia nos ha probado que un muy reducido numero de nobles ha tenido la tenacidad suficiente para triunfar en semejante empeño. La experiencia nos ha probado que, en general, al ministerio le era muy fácil hacer entrar a nobles con reputación de liberales en la dirección ministerial; la verdad es que el número de nobles con reputación de liberales es muy elevado, y que el de los nobles verdaderamente liberales es muy exiguo. En toda la nueva nobleza no es posible hallar uno solo; porque todo hombre. que ha consentido en dejar crear un privilegio político en favor de su persona y de sus descendientes es un anti-liberal.

P.— ¿Cuál es la segunda ventaja inherente a la denominación de industrialista?

R.— La clase industrial es la más numerosa; por consiguiente, toda persona que se declare industrialista hace profesión de fe que consiste en sostener los intereses de la mayoría de la nación, en contra de los intereses particulares.

P.— Decidnos, por último, cuál es vuestra tercera razón para hacer que las personas que no quieren utilizar más que, medios leales, legales y pacíficos, abandonen la denominación de liberales, para adoptar la de industrialistas.

R.— En este cuaderno hemos establecido lo siguiente: que a los primeros hombres, por ser muy ignorantes y estar sometidos a pasiones violentas, la ley del más fuerte les sirvió de base para las primeras organizaciones sociales, y que las naciones habían tenido que vivir bajo el régimen militar puro, que fue feudal durante siglos; los poderes arbitrarios concentrados en un reducido número de manos eran un mal menor que la anarquía. A continuación, hemos establecido que la especie humana estaba destinada a ilustrase y suavizarse por medio del comercio, a tomarle gusto al trabajo y a la producción, y entonces a dar por base a la organización social el interés común.

Por último; hemos hecho ver que la transición desde el primero de dichos sistemas políticos al segundo tuvo que provocar una crisis larga y violenta. Ahora añadimos a tales ideas que la crisis de transición fue iniciada por las predicaciones de Lutero, y que nuestro catecismo de los industriales tiene por objeto ponerle fin. Añado que, desde Lutero hasta hoy, la dirección de los espíritus ha debido ser esencialmente crítica, porque se trataba de derribar al gobierno feudal antes de poder laborar en el establecimiento de la organización social industrial; pero, hoy en día, la clase industrial se ha transformado en la más fuerte y el espíritu crítico y revolucionario debe extinguirse, para ser reemplazado por la tendencia pacifica y organizadora. Y es para la formación del partido político y organizador por lo que invitamos a las personas que deseen constituir un orden de cosas estable, a tomar la denominación de industrialistas, porque dicha denominación, al mismo tiempo, indica fin y medios;. fin: dar por base a la organización social el interés de la mayoría; medios: confiar a los más importantes industriales la administración de la riqueza pública.

P.— *Lamentamos mucho que la denominación de patriota se haya degradado completamente por el "sans-culotisme" porque indicaba un interés común a todos los miembros de la nación y, en razón de esto no era una determinada clase de la sociedad, sino todas las que eran llamadas a integrar el citado partido.*

R.— La denominación de patriotismo, aun en el caso de no haber sido empañada por el "sans-culotisme", no valdría lo que ésta de industrialismo. He aquí nuestra opinión, y ahora vamos a argumentarla. Analicemos el concepto de patriotismo y hallaremos lo que sigue: un patriota es aquel cuyos sentimientos están dominados por su afecto para con la nación de la cual forma parte; se trata de un hombre siempre dispuesto a sacrificar su fortuna y crédito a los intereses de la nación. Ahora, ¿pueden los hombres, en el estado presente de los, conocimientos y de la civilización, pueden o deben ser patriotas? Estamos convencidos de que tras reflexionar sobre ello, reconoceréis que los sentimientos filantrópicos, así como los de europeísmo y los familiares dominan, en los europeos, a los sentimientos nacionales que experimentan. Reconoceréis que cuanto acabamos de decir es cierto, incluso para los ingleses. El mejor código de moral sentimental que poseemos es el de la moral cristiana. Pues bien, en dicho código, se habla de los recíprocos deberes de los miembros de una misma familia; dicho código prescribe que todos los hombres deben tenerse por hermanos, pero no empuja en absoluto a los hombres a que subordinen sus sentimientos filantrópicos y sus afectos familiares al patriotismo.

P.— El examen del cual nos ocupamos eleva nuestro espíritu a una consideración muy general y muy importante. Veámosla: el código de la moral cristiana ha unido a los hombres en razón de los sentimientos, pero no ha tratado, en absoluto, la cuestión de los intereses. Ahora se trata para apresurar los progresos de la civilización, de hacer sentir a los hombres que tienen intereses comunes, de hacerles sentir, por ejemplo, que para la especie humana resulta un gran bien de los progresos de la industria y que de la importancia política adquirida por dicha clase industrial, acontezcan dichos sucesos en cualquiera de las partes del globo.

Como consecuencia de cuanto acabamos de decir, reconocemos que la denominación de industrialismo, para el partido de los hombres cultos y bien intencionados, vale más que cualquiera de las que hayan podido ser adoptadas hasta el presente, porque no tiende a turbar la coordinación natural de los sentimientos y de los intereses de los hombres con relación

a la especie toda, con relación, a los co-habitantes de
la misma parte del mundo, con relación a sus com-
patriotas nacionales y con relación a sus parientes y
amigos. Resumiendo: adoptamos la denominación
de industrialismo y nos declararnos industrialistas.

R.— La clase industrial gozará de dos ventajas muy importantes cuando se integre en partido político con denominación de industrialismo. Por dicho medio, se hallará de acuerdo con los tres partidos existentes. Entre los escritos de los industrialistas y los escritos de los ultra, los ministeriales y los liberales, no existirá más que esta ligera diferencia: que los industrialistas dirán que los industriales mas importantes son los hombres más capacitados para dirigir bien los asuntos generales de la industria mientras que liberales, ministeriales y ultra continuarán con la pretensión de que ellos deben dirigir las operaciones de la industria y ser muy bien pagados por ello.

La otra ventaja que resultará para los industriales franceses de su integración en partido político con denominación de industrialistas, es que conseguirán partidarios en el exterior, es decir: que crearán en el continente una fuerza política imponente, que se utilizará para sostenerles, pues todos los industriales del globo desean dejar de ver cómo el producto de sus trabajos se convierte en la presa de los consumidores.